鄂東歷代名醫傳録

南东求　编著

图书在版编目(CIP)数据

鄂东历代名医传录/南东求编著 —北京：学苑出版社，2020.12

ISBN 978-7-5077-6100-9

Ⅰ.①鄂…　Ⅱ.①南…　Ⅲ.①医药人物-生平事迹-湖北　Ⅳ.①K826.2

中国版本图书馆 CIP 数据核字(2020)第 265724 号

责任编辑：付国英
出版发行：学苑出版社
社　　址：北京市丰台区南方庄 2 号院 1 号楼
邮政编码：100079
网　　址：www.book001.com
电子信箱：xueyuanpress@163.com
电　　话：010-67603091(总编室)、010-67601101(销售部)
印 刷 厂：北京市京宇印刷厂
开本尺寸：890×1240　1/32
印　　张：9.625
字　　数：300 千字
版　　次：2021 年 1 月第 1 版
印　　次：2021 年 1 月第 1 次印刷
定　　价：55.00 元

丛书总序

中医药作为国粹，已成为最具代表性的中国元素。它在造福人类的同时，逐渐被世界所认同。习近平主席曾指出：“中医药是中国古代科学的瑰宝，也是打开中华文明宝库的钥匙。”他还特别强调：“充分发挥中医药独特优势，推进中医药现代化，推动中医药走向世界，切实把中医药这一祖先留给我们的宝贵财富继承好、发展好、利用好，在建设健康中国，实现中国梦的伟大征程中谱写新的篇章。”

的确，中医药文化源远流长，积淀深厚，犹如一座丰富的宝藏。但是，中医药文化，有它独特的存在方式，除了业已传世的一些中医药典籍和文献外，还有大量的中医药文化资源散布在民间，有的以家学传承的方式传承。毫不讳言，如不引起重视，这些宝贵的中医药文化资源，就可能会随着时间的流逝而消失。因此，抢救、挖掘和整理这些祖宗留给我们的宝贵中医药文化资源时不我待，更是我辈义不容辞的责任。这是一项服务当代、造福后世的大事、好事。在倡导健康中国的今天，中医药的特色优势日渐凸显。做好这项工作，也恰逢其时。

为此，我们尝试着组织一批专家、学者，编写了《鄂东中医药文化系列丛书》，为传承中医药文化尽一份力。我们深知，编写这部丛书，不是一件容易的事情。到底如何做？经过慎重考虑，我们认为还是从基础工作做起，以局部为突破口，再逐步展开。丛书的内容设置，分历代名医、中医中药、医案医话、单方验方、医德医风、医家典故等等。而这部丛书，作为黄冈市中医医院中医药文化研究项目、黄冈市中医药学会研究课题，即是其研究成果之一。希望通过我们的努力，能起到抛砖引玉的作用，唤起更多的人关注中医药文化，从而参与到中医药文化的抢救、挖掘、整理的工作中来，不断地丰富和拓展丛书的内容，从而实现传承中医药文化的愿望。我们在努力，我们也在期待。

夏春明*

2019年11月

---

* 作者系湖北省黄冈市卫生局原党组书记，现任黄冈市中医药学会会长、《本草》杂志主编。

序

正当家乡湖北不断传来抗疫胜利的消息之际，我收到了挚友南东求教授的新著《鄂东历代名医传录》清样，这更使我增添了新的快意。早在2019年8月，他就告诉我初稿即将完成。当时，我还在香港中国学术研究院工作。经过微信通话，他详细介绍了书稿内容和特点，并邀请我为之作序。我是医学门外汉，怕写不好，但盛情难却，只好答应班门弄斧，表达我的贺忱。

回想起来，东求兄十多年前即与我谈到他有个愿望，要为鄂东历代名医立传。对此我是十分支持的，并多次给予鼓励。支持和鼓励的缘由有以下几点：

第一，东求兄是研究医学的。他自从医学专业毕业后，长期从事医古文、医学史和中医典籍教学，在医话医，是其本职。他为家乡医学先贤立传，责无旁贷。功在当代，利在千秋。

东求兄医古文功底深厚，学识广博，有能力驾驭这个课题。我与他高中相识成为学友后，几十年来一直保持密切往来，经常切磋文章，对我多有帮助。我也熟知他无一天不看书，无一天不动笔。他既教书育人，又当学报主编和《东坡赤壁诗词》主编，治学严谨，文笔甚佳，发表了多篇（部）论著和多篇文艺作品，在医学专业上是教授，在文学艺术上是省作协会员、黄冈市作协副主席，无疑他有能力把这本传录写好。

第二，东求兄青年时即志存高远，追求建功立业。他在高中时便自学针灸医术，先在自己身上试验，有效果后，再帮同学治疗风湿痛和关节炎之类的常见病，蛮有效果。“文革”结束后，他首批考取医学专业学校，成天抱着那些中医古文献，一本本地啃，其乐融融。古话说“有志者事竟成”，这在他身上再次得到验证。

第三，东求兄已做过这方面的课题研究，也是学校的重点项目，一个是《黄冈历代医药名人研究》，另一个是《黄冈中医药史研究》，均以“优秀”成绩结项。这些积累，为写作《鄂东历代名医传录》作了较好的准备。

第四，也是很重要的一点，社会上缺乏这类医学家传记书籍，而当今社会正需要这方面的读物。自从北宋名臣范仲淹首倡“不为良相，便为良医”之后，做良医便成为许多有志之士的理想。良相可为天下百姓谋利造福，但位置太高、太少，难以企及，而良医则可为天下百姓除病去疾，是高尚慈善的职业。近代有好几位名人，青年时也是学医的，如孙中山、鲁迅、郭沫若等。现在人们的生活水平提高了，但大众健康还存在不少问题，亟待解决；还有许多疑难杂症、癌症未能攻克，还有不少人忍受着重病、绝症的痛苦煎熬。自然界还经常冒出一些新型病毒、新型传染病，造成人类众多伤亡。所以，我们的时代需要培养大批医学专家去攻坚克难，也需要大批青少年从小树立相关志向。而要引导青少年树立这方面的志向，就需要这方面的读物，宣传历代医学名家的生平、事迹、成就、贡献和影响，发挥潜移默化的作用。

基于以上几点理由，这些年来，我常向东求兄问及此事的进展，每次他都高兴地回答："最近又找到了一些新资料。"在我印象中，他总是信心满满，使我也有信心等待。

俗话说："巧妇难为无米之炊。"而写人物传记，最怕没有资料。搜集资料要占用大量功夫。中国史书历来注重记载政治家、军事家、谋略家、文学家的事迹，而对医学家的记录用墨不多。鄂东历代名医除了庞安时、万密斋、李时珍、杨际泰等几位特别有名的大家以外，其他医家的资料不多，也不好找。多年来，东求兄南下北上，东奔西走，凡有线索的图书馆、方志办、淘宝网，他都留意并尽可能去找。据他讲，有时打听到民间某人有本相关书籍，他便不惜高价求购。功夫不负有心人，多年积累下来，他收获不小，为写书准备了必要的史料。当然，史料因人而异，多寡不均。多者固然可喜，少者也只好如此，有待将来有所增补。

最近利用宅家防疫的机会，通读《鄂东历代名医传录》清样，感觉该书有几个亮点，值得重视。

第一，该书对鄂东历代名医的事迹收录比较齐全，上起魏晋，下至新中国成立之初，时间跨度近2000年，遴选名医328位。以黄冈市为主，扩至鄂州、大冶、阳新、黄陂、新洲等各市、县、区。

第二，在内容排列上，既按逻辑排序，影响大的居前，影响小的居后；在同一层次里，又按生年排序，年长者居前，年次者居后；还以影响大小，分列传、传略、录表三个部分；无年代者，居最后。全书共分三部分，凡历史上有地位、成就杰出者，以"英杰列传"记之；凡有突出业绩且载于方志史书者，以"名医传略"记之；凡见于各志书或文人笔记中知名者，以"群医录表"记之。总计医家达328位。可能还有遗漏者，作者表示继续努力，如有新发现，待将来补上。

第三，鄂东名医甚多，享誉海内外的便有五位。如晋代王叔和，徙居黄冈麻城后，著有《脉经》，集脉学之大成。北宋庞安时，是张仲景伤寒学说研究"唐宋八大家"之一，有较多创见。明代临证医学大家万密斋，所著《万密斋医学全书》，涉及临证医学内外妇儿诸科，尤其专长于妇儿科。其著述，大多收入《四库全书》。医药巨擘李时珍，其《本草纲目》享誉全球，被誉为“自然科学的百科全书”。清代杨际泰，倾毕生之力，解中华生民惨遭鸦片毒害之苦，开戒毒治毒之先河。

鄂东，地处长江中下游，横跨大江南北，交通得天独厚，具有“承东启西、纵贯南北、得中独厚、通江达海”的区位优势，自然胜景与人文科学交相辉映。尤其是黄冈，依山带水，风光秀丽。大别山巍峨磅礴、巧夺天工，连绵境内数百里，其主峰天堂寨海拔 1729 米，集奇、险、幽于一体，堪与泰山、庐山媲美。龙感湖古称“雷池”，曾与鄱阳湖相连，现有水域面积 2500 平方公里，是全国重要的湿地保护区。长江流经该市 189 公里，境内六水并流，百库千湖，星罗棋布。鄂东物华天宝，人民聪慧。

鄂东地区历史悠久，早在旧石器时代就有人类居住。上古帝尧时为“樊国”，夏朝时为“鄂都”，殷商时为“鄂国”，春秋战国时为楚鄂王封地，三国时孙权在此称帝，有 2000 多年的建制历史。这块土地，孕育了中国佛教禅宗四祖道信、五祖弘忍、六祖慧能以及一大批人文科学和自然科学家。前些年有个段子，戏说黄冈人才多，而且大多是领军人才：“说黄冈人不懂印刷，毕昇笑了；说黄冈人不懂医学，李时珍笑了；说黄冈人不懂国学，黄侃笑了；说黄冈人不懂诗词，闻一多笑了；说黄冈人不懂哲学，熊十力笑了；说黄冈人不懂评论，胡风笑了；说黄冈人不懂经济，王亚南笑了；说黄冈人不懂军事，林彪笑了；说黄冈人不懂地质，李四光笑了……”历代贤达纷至黄冈，李白、杜牧、王禹偁等先后到此并吟咏出千古名篇，苏轼在此达到其文学巅峰。民众喜闻乐见的黄梅戏也是在这里发源。

正是有了历代名家的引领，并受到他们治学精神的影响熏陶，鄂东大地传承了崇文重教的传统，以至恢复高考以后，黄冈中学的教育水平名列前茅，“黄高”试卷成为各地高考辅导的首选教材，每年“黄高”的高考成绩骄人，在国际各类中学生比赛中常斩获多枚奖牌。

第四，该书文笔轻松活泼，许多医古文献的资料经作者点化为白话，通俗易懂，又不失原有的韵味。作者的笔端饱含情感，对名医先贤充满崇敬之情，传神地描绘出名医的成就与仁爱之心，叙事流畅，娓娓道来。

第五，从鄂东医学名家的发展史来看，中医历史悠久，源远流长，为解除中国民众的痛苦、保护中国民众的健康发挥了巨大作用。中医是一门内容丰富、值得信赖的医学科学。但是，近些年来有人提出了质疑，说中医不是科学，西医才是科学。由此产生争论，双方各执一词，难分伯仲。然而，实践是检验真理的标准。就拿2019年年末至2020年春的新型冠状病毒肺炎的治疗情况来看，中医发挥了重大作用。以武汉的方舱医院为例，一共收治12000多例轻症患者，无一人死亡，无一人转重症，全部安全出仓，做到了零死亡，原因之一就是对患者广泛使用了中医药治疗。据澎拜新闻报道，2020年3月14日上午，中央指导组专家、国家中医药管理局专家组组长、中国中医科学院首席研究员、中国科学院院士仝小林向澎拜新闻介绍，截至3月13日，10个省份1261例新冠肺炎患者服用中药“清肺排毒汤”后，1102例得以治愈、29例症状消失、71例症状改善，40例重症患者中已有28例出院，余下者在好转。仝小林说，服用“清肺排毒汤”的患者症状缓解都比较明显。3月23日，国家中医药局党组书记余艳红表示，社会各界认为中医药发挥了重要作用，成为这次疫情防控的一大亮点。数据显示，全国新冠肺炎确诊病例中，有74187人使用了中医药治疗，占91.5%，治疗总有效率达到了90%以上。现在已有183个国家和地区采用了中医药治疗新冠肺炎，这说明中医药得到了世界的认可。毛主席曾经说过：“中医药是中华民族的宝库，要认真地挖掘。”这次对付新型冠状病毒肺炎疫情的实践，证实了毛主席对中医药的评价。当前，我国中医药仍然存在人才不足、创新不足、发展不足的问题，希望国家实施有力的政策，探索新道路，借助现代新科技，使中医发扬光大，造福全人类。

总之，《鄂东历代名医传录》的成功撰写，凝聚了作者多年的心血汗水，实现了一桩美好的愿望。相信该书的出版将丰富黄冈市地域文化，增强黄冈民众的自信心，同时为医学界高扬起学习的光辉榜样，为人们树立起亮丽的精神标杆。

是为序。

周溯源*

2020年3月20日

* 作者系中国社会科学院中国历史研究院研究员。本文2019年12月构思于香港中国学术研究院，2020年3月20日完稿于北京万寿路学思斋。

前　言

自魏晋至新中国成立之初，黄冈名医，有史可查者，达320多位。其中，有五大名医享誉海内外。如晋代王叔和，徙居黄冈麻城，著成《脉经》，集脉学之大成。北宋庞安时，是仲景伤寒学说研究“唐宋八大家”之一。明代临证医学大家万密斋，所著《万密斋医学全书》，涉及临证医学内外妇儿诸科，尤专于妇儿科。其著述大都收入《四库全书》。医药巨擘李时珍，一部《本草纲目》，更是享誉全球，被誉为“自然科学的百科全书”。清代杨际泰，倾毕生之力，解中华生民惨遭鸦片毒害之苦，开戒毒治毒之先河。

除了这些名医，历代还有许多不知名的中医，他们为救治生民做出的贡献无以计量。然而，迄今为止，黄冈中医药史上却无一本完整的著作来记述这些名医的业绩。有些名医史料，虽散见于各类史志或文人杂记，却未能系统完整地被整理出来。鉴于此，2014 年，我们拟定了“黄冈中医药史研究”项目，上报学校科研处。经学术委员会讨论，获得批准，定为学校人文社科的“重点项目”，并顺利立项。项目批准号：黄职教［2014］94 号；项目编号：2012C011101。由南东求负责史料整理，并撰写历代名医传记，作为课题成果之一。课题组成员中，学术顾问：陈年友、姜安心、熊发涯、刘东山、夏春明、王梓林。特邀顾问：周溯源。主持人：南东求。成员：李艳生、沈爱平、龚泽、陈洲、黄思杰、徐静、付峻岭、欧阳风雷、江浚。此课题，旨在以黄冈历代中医药重要人物为对象、以史为线索进行研究，冀于探求一个地区中医药发展概况及其发展轨迹，使人们了解一个地区中医药发展的起源、形成，各历史时期的成就、重大事件、著名医药人物及其区内外交流等，展示其中医药发展的历史轨迹、学术特点、历史影响，揭示其历史发展规律，以利于中医药事业的良性发展。

有关黄冈医药人物的记述，或见于历代学人著述，或见于各种零碎杂记，或流传于民间有关名医的传奇轶事，或载于鄂东境内各县市方志，虽多只言片语，却弥足珍贵。笔者历经数年努力，均对这些资料进行了搜集与整理，并将这些内容分门别类，集之于书。全书分三部分：凡历史上有地位、成就杰出者，以“英杰列传”记之。凡有突出业绩且载于方志史书者，以“名医传略”记之。凡见于各志书或文人笔记中知名者，以“群医录表”记之。书中所载医家总计达328位。因多种原因，尚有不少遗漏，唯存遗憾，祈来者补之，幸矣。

立项时，搜集名医，原考虑以黄冈为限。后因黄冈所辖区域，历代医家医事活动影响深远，涉及医事区域扩大，为将所获史料顺利保存，故将所收医家区域扩至鄂东行政区域。因而所收医家，延及鄂州、大冶、阳新、黄陂、新洲各市、县、区，是以书名曰：《鄂东历代名医传录》。

回溯历史，鄂东历代名医辈出。探索其中缘由，自有内在原因。鄂东五大名医，便是典型。他们深知，要想救民于水火，必须博览群书，勤研医术，艺高方可济世救人。他们都是生于罹难，置身困厄，睹民于水火，有志为苍生大医；他们都继承了深厚的文化积淀，得良师之教益，传世医之薪火；他们都是矢志如一，热爱生命，学以守恒，勤而不辍，是以终成大医。他们之所以成为名医，是因在他们身上，具有清贵的人格、崇高的精神、精湛的医术。他们面对生民疾苦，敢于承担，其仁爱精神不朽。

为弘扬中华民族医药文化，充分发挥名医的楷模作用，挖掘鄂东丰富的人文资源，探索其成长规律，也是本文的主旨。作者的努力虽很微小，但也许还有一份意义，那就是敬慕先贤，寻其足迹，使后者不忘，为来者楷模。

凡　例

一、人物

英杰，立传详述姓名字号、生卒年代、籍贯、生平经历、医事活动、著作评述、趣事佚闻等。

名医，据所获资料，分述姓名字号、生卒年代、籍贯、生平简历、著述等。

群医，医家姓名字号、生卒年代、籍贯、医事简述、著述等。

凡未注明生卒年者，均为“生卒年不详”，待考，不再另加括注。

二、排序

先以医家所处年代、所属区域排序，次以医家生年排序。生卒年不详者，按活动年代置于后。

三、纪年

为便于读者阅读时查阅，采用年号、干

支、公元三种方法并用。参考书以方诗铭《中国历史纪年表》一书为准。

四、说明

所述各县名医，首次述及县州志书，注明名称、年号、干支、公元。为使阅读畅快，次述以“志载”略之。

五、范围

鄂东区域，以今黄冈市区域为主，因历史沿革之故，尚涉及鄂州市、阳新（今隶属黄石市）、大冶（今隶属黄石市）、黄陂（今隶属武汉市）、新洲（今隶属武汉市）等区域医药名人。

目　录

上篇　英杰列传

中篇　名医传略

下篇　群医录表

上篇　英杰列传

魏　晋

麻　城

魏晋　**王叔和**　麻城

脉学大家王叔和

题记　在祖国医学发展史上，脉学起源甚早。先秦时期，便有脉学史料记载。《周礼》有切脉以察脏腑病变的记述，司马迁《史记·扁鹊仓公列传》记有“至今天下言脉者，由扁鹊也”之说。扁鹊（秦越人），是战国时期名医。《黄帝内经》载有大量先秦以前的脉学资料，述脉象40余种，尚提出三部九候诊法与气口人迎脉诊法。《难经》最早提出寸口脉法，并论述了脉学的基本理论。此前虽有诸多论述，然皆未形成脉学专著。至两汉时期，脉诊普遍应用于临床。东汉名医张仲景，是将脉法成功应用于临床的诊疗实践者，并载入其名著《伤寒杂病论》。而魏晋名医王叔和，则是第一位将此前脉学成果，进行全面整理的脉学专家，并结合多年临证经验，著成第一部脉学专著《脉经》。

王叔和（约170~255，一说201~208），名熙，以字行

世。晋代皇甫谧[1]《甲乙经·序》有“近代太医令王叔和撰次仲景选论甚精，指事（一本作‘皆可’）施用”之载，后魏高湛《养生论》载：“王叔和，高平人也，博好经方，洞识摄生之道。”（高平，今山东金乡县西北。一说为山西高平。当代学者钱超尘考证，认为：“叔和里籍为山东高平。”“其地在今山东邹县西南。”）唐代甘伯宗《名医传》载：“晋王叔和，高平人。为太医令。性度沉静，通经史，穷研方脉，精意诊切，洞识养生之道。撰《脉经》十卷，《脉诀》四卷，《脉赋》一卷。仲景作《伤寒论》错简，迨叔和撰次成序，得成全书。”后世诸载，多源于此。据陈梦赉[2]考证，认为王叔和“应当为三国时魏人”“非晋太医令，而为魏太医令”。

王叔和一生历尽坎坷。所处年代，正值连年战火。因战乱所迫，自故里高平随同族王粲[3]，流徙洛阳，转荆州，迁襄阳。赵璞珊[4]《中国古代医学》，据近人余嘉锡著《四库提要辨证》载，推论王叔和在汉末，可能到过荆州。其时，

---

① 皇甫谧（215~282）：幼名静，字士安，自号玄晏先生。安定郡朝那县（今甘肃灵台县）人，后徙居新安（今河南新安县）。魏晋时期学者、医学家、史学家。誉为“针灸鼻祖”。传弟子挚虞、张轨。东汉名将皇甫嵩曾孙。

② 陈梦赉（1906~）：浙江黄岩人。当代名医。曾求学于名医张寿甫、恽铁樵、秦伯未门下。行医之余，致力医史。著《中国历代名医传》。

③ 王粲（177~217）：字仲宣。山阳郡高平人。汉末文学家。“建安七子”之一。太尉王龚曾孙，司空王畅孙。父王谦，曾任大将军何进长史。建安二十二年（216），随曹操南征孙权，于北还途中病逝。

④ 赵璞珊（1926~）：北京市人。中国中医研究院医史文献研究所研究员。著《中国古代医学》（中华书局，1983年）。

张仲景亦在其处，“叔和与仲景弟子卫汛有过交游，因此很可能受学于张仲景”。

王叔和流寓湖北，晚年定居新洲，逝后葬于新洲。据后人考证，其坟址，名老爷山，后称药王坟，建有药王庙，附近一村，名为药王冲。位于新洲县边缘，为徐古区六合公社。新中国成立初土改时，该地划归麻城白果公社。今属湖北省麻城市。《麻城县简志》有“晋名医王叔和墓：在县南三十里，相传王为一代医宗，著有脉经行世，后人钦慕名，其地为药王冲”（见麻城县人民政府编《麻城县简志》，1981 年）。

王叔和是否为张仲景受业弟子，迄今虽无定论，然王叔和与张仲景生活年代甚近。其著述学术思想，继承仲景医学思想并有发扬，已为历代医家公认。王叔和尽平生之力，于战乱之中，收集张仲景《伤寒杂病论》散失遗稿，经其校订，整理编撰为《伤寒论》《金匮玉函方》（即《金匮玉函要略方》，简称《金匮要略》）二书，传于后世。因当时印刷术尚未发明，医书传世，多赖医家抄录流传，故流传抄本甚多。是以宋治平（1064~1067）年间，孙奇、高保衡、林亿诸家重新校定时，于校定进呈序文中，给予王叔和高度评价：“自仲景于今八百余年，惟叔和能学之。”宋代成无己、严器之亦评曰：“仲景《伤寒论》得显用于世，而不堕于地者，叔和之力也。”清代徐大椿则说：“不有叔和，焉有仲景？”诸医家评价，可谓公允之论（陈梦赉《中国历代名医传》）。

王叔和收集、整理、校订张仲景著作，仲景学说因之得以传世，方书之祖得以立位，其功绩卓著，已成千古定论。而王叔和另一卓越贡献，则是系统整理总结《内经》《难经》及扁鹊、华佗、张仲景诸医家有关脉学论述，并结合平生临证经验，撰成《脉经》。是书最早见载于《隋书·经籍志》著录：“王叔和《脉经》十卷。”全书10卷97篇，包括脉诊、脉形、脉象与脏腑关系，脉象阴阳分辨以及妇人、小儿脉辨识诸内容。至此，汉以前诸医家于脉学，仲景学说于脉学，得以全面总结并发扬。是以此书学术特点，尤为显著。

其一，专于脉象，全面整理，系统归纳。规范脉象名称，首将各种脉象，厘定为24种。即：浮、芤、洪、滑、数、促、弦、紧、沉、伏、革、实、微、涩、细、软、弱、虚、散、缓、迟、结、代、动。每种脉象体状、搏动征象及其变化，均作具体描述。中医诊断学内容得以丰富，亦使脉学理论系统化（见王叔和著，梁亚奇校注《脉经》，学苑出版社，2007年）。

其二，“寸口诊脉”，确立其脏腑定位。此因寸口属肺太阴。其理论依据，源于《素问·经脉别论》“肺朝百脉”之说。

其三，强调脉诊与临证治疗，紧密结合。王叔和认为，脉法，是诊断疾病重要方法，而正确诊断，则是辨证治疗基础。故《脉经》以阐述脉理为基础，紧密联系临证实际，将脉象特点、证候表现及临证治疗，紧密结合，进行论述，因而更具临证指导意义（吴鸿洲《中国医学史》）。

其四，古医籍有关脉学内容尽得保存。王叔和《脉经·序》说：“今撰集岐伯以来，逮于华佗，经论要诀，合为十卷。百病根源，各以类例相从，声色证候，靡不赅备，其王、阮、傅、戴、吴、葛、吕、张，所传异同，咸悉载录。”晋代以前古医籍，有关诊脉方法、脉象病理、脉诊意义，其所载资料，均得以保存。后世脉学研究者，溯其源流，考其依据，则有证可鉴。再者，书中所述内容，几乎皆转录于《伤寒杂病论》，是以，此书成为《伤寒论》《金匮要略》古传本之一。研究仲景学说，是书亦极具参考价值。

此外，据陈梦赉之载，见于史志与诸家目录中可查考者，尚有《论病》六卷、《脉赋》一卷、《脉诀》一卷、《孩子脉论》一卷、《脉诀机要》三卷、《脉诀发蒙》三卷、《小儿脉诀》《新集总病要略》一卷、《脉诀须知》五卷、《脉诀图要》六卷、《脉诀评释》八卷、《脉影指归图说》二卷诸书，“大抵后人著述，托名王叔和者；或久已散失，仅存其名。”

据今人查考，麻城王氏后裔，有《王氏族谱》载：“母族王氏，晋神医，敕赐药王。王公字叔和。公之苗裔也，历传自五代，至唐、至五季而宋、而元、而明、而清。十有余朝，千有余岁矣！”有专家访当地王氏后人，除珍藏时历百五十年来多版本族谱外，尚珍藏有古线装本《脉经》。

叔和虽逝千余年，而其医学思想、医疗技术，却仍代代相传，造福生民，而鄂东生民受其恩泽最多。《湖北医学史稿》所载医药著作约 400 部，而黄冈有 140 部，占其三分之一。其论及伤寒著作约 40 部，而黄冈有 20 部之多，占其一半。其中北宋庞安时，为最早伤寒研究大家之一。其《伤寒总病论》是最早研究伤寒之巨著。论及脉学著作 30 余部，而黄冈有 10 部之多，占其三分之一。明代李时珍《濒湖脉学》，基于王叔和《脉经》，综合明代以前诸家脉学论述，全面总结，原脉象 24 种，又增 3 种，共载脉象 27 种。其著尤适于临证之用，民间流传甚广，影响最大，是继叔和《脉经》之后，又一部脉学名著。

东 晋

鄂 州

东晋 葛洪 鄂州

炼丹名家葛洪

题记 屠呦呦研究青蒿素成功，使无数疟疾患者得救，因而获得诺贝尔奖医学奖。而青蒿诊治疟疾，最早发现者，为东晋名医葛洪，并载入其名著《肘后备急方》。葛洪曾至鄂州，其医学思想、炼丹术亦流传鄂东，至今鄂州多处，尚可寻及葛洪当年足迹。民间至今仍流传葛洪炼丹故事。葛洪对于鄂东的医学发展，影响深远。

葛洪（283~363）字稚川，自号抱朴子，以示其志：守其本真朴实，不为物欲所惑。丹阳郡句容（今属江苏句容市）人。东晋道教学者、医药学家、炼丹家、博物学家。其生卒年，诸载不一。本书取方春阳《中国历代名医碑传集》、梁永宣《中国医学史》所载。其他诸载不一，大抵分两类。一类史书，如范行准《中国医学史略》载：281~342；李今庸《湖北医学史稿》、吴鸿洲《中国医学史》、宋月航《中国历代名医传》载：284~364；常存库《中国医学史》载：

约283~343。一类辞书，如《辞海》载：284~364；《辞源》载：281？~341；《中国大百科全书》载：约283~363；庄树藩《中华古文献大辞典·医药卷》载：284~364；李经纬《中医人物词典》283~343；李云《中医人名辞典》281~341。

葛洪出身仕宦世家。祖系，吴大鸿胪。父悌，吴平后入晋，为邵陵太守。然至葛洪，却已家贫。少虽好学，躬自伐薪，以贸纸笔，夜辄写书诵习。其性寡欲，无所爱玩。为人木讷，不好荣利，闭门却扫，不喜交游，而于寻书问义，不远数千里，崎岖跋涉，期于必得。究览典籍，尤好神仙导养之法。从祖玄，吴时学道，号葛仙公，以其炼丹秘术授弟子郑隐。洪就隐学，悉得其法。后师事南海太守上党鲍玄。玄亦内学，见洪深重之，以女鲍姑妻之。鲍姑擅长灸法。洪传玄业，兼练医术。凡所著述，皆精核是非，而才章富赡。曾至洛阳，欲搜求异书，以广其学。曾任司马睿谘议、参军，后屡辞官不就。

据《鄂州市志》载，葛洪于东晋永嘉年间（307~312），“驻足武昌，结庐炼丹，养生修道”。武昌，即今湖北鄂城，隶属鄂州市。其传道、炼丹、制药多年，以求长生不老之术，故一时学道求术者甚多。今鄂州市葛店、葛山、洪港、洪道乡诸地，均因葛洪而得名。有葛山石洞、洗药池、琴床石、葛店斗牛观、白鹿矶等遗迹。世传洪炼丹之地，凡十三处。今玄妙观有井，亦其遗迹也。后以年老，欲炼丹以祈遐寿，闻交趾（今属越南）出丹，求为句漏（今广西北流县东北）令。帝以洪资高不许。洪曰：非欲为荣，以有丹耳。帝从之。洪遂携子侄俱行。途经广州，刺史邓岳挽留，洪遂至罗浮山（位于今广东惠州市博罗县西北部）炼丹。在山积年，优游闲养，著述不辍。葛洪著作等身。所著《抱朴子·内篇》，言“神仙方药，鬼怪变化，养生延年，攘邪却祸”之事。《抱朴子·外篇》，言“人间得失，世事臧否”，为道教理论著作。书中有“金丹”“仙药”“黄白”诸篇，多述炼丹术，所述炼丹过程中物质分解、化合、置换诸反应，为化学史上最早记载。英国著名近代生物化学家、科学技术史家李约瑟，称其为“最伟大的博物学家和炼金术士”。撰《金匮玉函药方》（简称《金匮药方》《玉函方》《玉函煎（药）方》）一百卷，分别病名，使种类殊分，以类相续，不致杂错。撰《肘后要急方》，今称《肘后备急方》，亦称《肘后救卒方》，系从《金匮玉函药方》中录出，以备仓促检用。其自序曰：“抱朴子丹阳葛稚川曰：……余今采其要约，以为《肘后救卒》三卷，率多易得之药，其不获已须买之者，亦皆贱价草石，所在皆有，兼之以灸。灸但言其分寸，不名孔穴。凡人览之，可了其所用，或不出乎垣篱之内，顾眄可具。苟能信之，庶免横祸焉！世俗苦于贵远贱近，是古非今，恐见此方，无黄帝、仓公、和、鹊、踰跗之目，不能采用，安可强乎？”其救急便民之情，溢于字里行间。是以于后世影响最大。此书用药特点，突出四字：简、便、廉、验。书中首次描述天花病（称“虏疮”，亦称“天行斑疮”）、恙虫病（立克次氏体）症状。首次提出以狂犬（瘈犬，即疯狗）脑髓外敷狂犬咬伤伤口，以防治狂犬病发作。首次提出以青蒿抗疟，为后世抗疟药物开发，奠定研究基础。

首次采取竹板固定法治疗四肢骨折（为最早记载小夹板固定治疗骨折），首次记载以牛奶、松针食疗方法，治疗脚气病。方中药物，西医研究证实含有丰富 B 族维生素。与西医以 B 族维生素有效防治脚气病认识一致。并创立多种急症治疗技术，如人工呼吸法、救溺倒水法、腹穿放水法、食道异物取出法、导尿术、灌肠术。书中收载药物约 350 余种。记载含豆豉单、复方 40 余首，所创豆豉汤至今仍是中医临床常用方剂。为便于生民简便灵验治疗疾病，葛洪尤其倡导灸法治病。其妻是古代著名女灸家。书中所列病症 72 种，有近一半病症采用灸法治疗。葛洪首次提出隔物灸，为灸疗法多样化开辟新路径。《肘后救卒方》，急患者之所急，想患者之所想，正因如此，受到后世医家所重。至南朝梁时，陶弘景特为之增补，名为《补阙肘后百一主方》。金杨用道复再为之增补，名为《附广肘后备急方》，流传至今，仍为世所重。

北宋

浠水

伤寒大家庞安常

题记 据梁永宣《中国医学史》载：宋本《伤寒论》刊行后，宋、金、元时期众多医家、学者，纷纷对《伤寒论》进行深入研究，并日益兴盛，以至后来由此形成“伤寒学派”。后世称研究《伤寒论》成就较为突出者，宋以前有八大家。其中宋占6家。此八大家，指魏晋王叔和、唐代孙思邈；宋六家指韩祇和、朱肱、庞安时、许叔微、郭雍、成无己。诸家研究各具特色。庞安时为八大家之一，宋六家位居其三。庞安时精于伤寒诊治与研究，历代皆有称许。宋文学家苏轼称他“术学精妙，而有贤行，大类蜀人单骧（蜀地名医），善疗奇疾，知古今……其疗伤寒，盖万全者也”。明初医学家吕元膺说：“庞安常医，能启扁鹊之所秘，法元化（华佗）之可法。”

庞安时（约1042~1099），字安常，蕲州蕲水（今湖北浠水县）麻桥人，自号蕲水道人。出身医学世家。据浠水县卫生局、湖北中医学院（今湖北中医药大学）合编《〈伤寒总病论〉释评》（1987）载：约生于北宋仁宗庆历二年壬午（1042），逝于北宋哲宗元符二年己卯（1099）。《宋史·方技下》载有《庞安时传》。据其载：安时幼年聪颖过人，读书过目不忘。其父名之庆，号高医。承祖业，是当地名医。曾授以《脉诀》，安时说："是不足为也。"遂独取黄帝、扁鹊脉书，细心研读，不久，通其意，且时出新见，他人竟难以驳倒安时。其父为其才思，颇感惊异。其时，安常不足二十。后因患耳聋病，遂苦钻《灵枢》《太素》《甲乙经》及其他诸医家秘典，大凡经传百家，皆广泛涉猎，且融会贯通。曾说："世所谓医书，予皆见之，惟扁鹊之言深矣。盖所谓《难经》者，扁鹊寓术于其书，而言之不详，意者使后人自求之欤？予之术盖出于此。以之视浅深，决死生，若合符节。……此皆扁鹊略开其端，而予参以内经诸书，考究而得其说。审而用之，顺而治之，病不得逃矣。"（见刘振民，周笃文，钱超尘，周贻谋，盛亦如编著《医古文基础》，人民卫生出版社，1981年）

据黄庭坚[①]《庞先生伤寒论序》述："庞安常自少时喜医方，为人治病，处其死生多验，名倾淮南诸医。然为气任侠，斗鸡走狗，蹴鞠击毬（球）。少年豪纵，事无所不为，博弈音技，一工所难而兼能之。……中年乃屏绝戏弄，闭门

---

① 黄庭坚（1045~1105）：字鲁直，号山谷道人，晚号涪翁。洪州分宁（今江西修水县）人。北宋诗人、书法家。江西诗派开山祖。与张耒、晁补之、秦观皆游学于苏轼门下，合称"苏门四学士"。诗文与轼齐名，世称"苏黄"。北京大学教授李志敏评价："黄庭坚论书、鉴画、评诗均以韵字为先，他引鹤铭入草，雄强逸荡，境界一新。"（《引碑入草开创者李志敏书法评传》）

读书。自神农黄帝经方，扁鹊《八十一难经》，皇甫谧《甲乙》，无不贯穿。……每用以治病，几乎十全矣。”

庞安时医术精湛，医德高尚。史载庞氏为人治病，能十愈八九。远近前来求治病人，日盈其门。为使病人得到尽心诊治，庞安时特辟邸舍居之。凡来求诊者，不问贫富，亲自为病人熬粥煎药，细心调理，必使病人痊愈，方可离开。如不能治者，必实言相告，绝不欺瞒病人。“爱老而慈幼，不以人之疾尝试其方。如疾痛在己也。盖其轻财如粪土，耐事如慈母而有常。”（黄庭坚语）有痊愈病人，持重金来酬谢者，亦不尽取。若遇贫困者，愈后施以药物或财物，以济病人艰难。且“他日过之，未尝有德色”。如有远方重病不能前来诊治者，必亲往诊治，病人治好，亦不取酬金，常脱然而去，是以深受世人敬重。

庞安时交游甚广，时与苏轼、黄庭坚、张耒友善。苏轼《东坡志林·游沙湖》载：苏轼因往沙湖相田，归来遇雨得疾，“闻麻桥人庞安常善医而聋，遂往求疗。安常虽聋，而颖悟绝人，以纸画字，书不数字，辄深了人意。余戏之曰：‘余以手为口，君以眼为耳，皆一时异人也。’疾愈，与之同游清泉寺。寺在蕲水郭门外二里许，有王逸少[①]洗笔泉，水极甘，下临兰溪，溪水西流。余作歌云：‘山下兰芽短浸溪，松间沙路净无泥，萧萧暮雨子规啼。谁道人生无再少，君看

① 王逸少：即王羲之（303~361，一说321~379），字逸少。琅琊临沂（今山东临沂）人。南渡后居会稽山阴（今浙江绍兴）。晚年隐居剡县金庭。东晋书法家，有书圣之誉。李志敏评“王羲之的书法既表现以老庄哲学为基础的简淡玄远，又表现以儒家的中庸之道为基础的冲和。”其《兰亭序》誉为“天下第一行书”。与其子王献之合称“二王”。

流水尚能西，休将白发唱黄鸡。’是日剧饮而归。”据《浠水县简志》载：“苏谪官黄州时，常至浠水，与庞共游。数百年后，浠城‘药王庙’犹存苏庞对语之泥塑像，庙门额有‘洞天福地’四字。民国初年，城关塾师多就其地授徒。为城中著名古迹。1938 年后，毁于兵。”

庞安时至 58 岁时，疾作，门人请自视脉，安时笑说：“吾察之审矣。且出入息，亦脉也，今予胃气已绝，死矣。”（《宋史·庞安时传》）遂屏却药饵。后数日，与客坐语而卒。据李经纬《中医人物辞典》载：安时“门人甚众，弟子六十人中，独喜张扩”。叶贤恩《庞安时传》书中认为：最早文献记载庞氏弟子人数，为宋代罗愿（1136~1184）于淳熙二年乙未（1175）所撰《新安志》：“张扩，字子充，歙县人，少好医，从蕲水庞安时游，时同学六十人，安时独喜扩。”罗愿《鄂州小集》亦有记述。叶著考庞氏弟子有姓名者：歙县张扩、舒州桐城李百全（字几道）、颍川（今属河南）王实、九江（今属江西）胡道士（即胡洞微）、蕲水魏炳、蕲水方郭乡杨可、蕲州（今蕲春县）横车镇熊觉、栾仲实父子。张扩学成归里，传其弟张挥，挥传其子彦仁，彦仁传其子张杲。张杲著《医说》，流传至今。

庞安时尤精于《伤寒论》研究，为祖国医学史上早期研究仲景学说大家之一。积平生之力，著有《伤寒总病论》六卷，成书于 11 世纪末。卷一为绪论、六经诸证。卷二论汗吐下证，并用水、用火、和表、温里诸法。卷三论结胸、痞气、阴阳毒、狐惑、百合、痉、湿、暍及杂病劳复诸证。卷四论暑病、时行寒疫、斑痘诸证。卷五论天行、温病及变哕、变黄、败坏诸证，并附小儿伤寒证。卷六载冬夏伤寒、发汗杂方与妊娠伤寒方、伤寒暑病通用刺法、伤寒温热病、死生证、天行差（瘥）后禁忌，以及解张仲景脉说解华佗内外实辨诸篇。书末附《音训》《修治药法》《不可作煮散方》各一卷。是书每证下，有论有方，评脉辨证，随病治疗；并据《内经》诸书，引证各家说法，参照自己经验，补充仲景《伤寒论》。此书辨证，依照张仲景六经分证法，阐明病证由五脏六腑传变原因，注意地理、气候、饮食、起居与疾病紧密相关。治疗用汗、吐、下、和诸法，据病人具体条件，随证诊治。最后处方，采用《伤寒论》，医方说明药物佐使加减之理。尚据临证经验，援引古医书补充若干有效医方，使仲景《伤寒论》内容，更为充实。

苏轼曾复庞安时书信中说："惠示《伤寒论》，真得古圣贤救人之意，岂独为传世不朽之资，盖已义贯幽明矣！"（《苏黄尺牍》）苏轼《东坡志林》中记有评语："术学精妙，而有贤行，大类蜀人单骧（蜀地名医），善疗奇疾，知古今，删录张仲景已后《伤寒论》，极精审。其疗伤寒，盖万全者也。"张耒《跋庞安常伤寒论》中述："庞安常又窃忧其有病证而无方者，续著为论数卷，其用心为术非俪古人，何以及兹！淮南人谓庞安常能与伤寒说话，岂不信然哉！"元末明初医学家吕复[①]说："庞安常医，能启扁鹊之所秘，法元化（华佗）之可法，使天假其年，其所成就，当不在古人下。"（陈梦赉《中国历代名医传》）当代医学史教材《中国

① 吕复：字元膺，晚号沧州翁。河东（今属山西西南部）人。元末明初名医。致力历代医籍评述，堪称医书解题典范，于中医目录学发展，有承先启后作用。

医学史》（吴鸿洲）评价此书“也是研究《伤寒论》较早、并有相当影响的专著”（吴鸿洲《中国医学史》）。甄志亚《中国医学史》论及《伤寒论》研究时说：“尤其庞著对小儿伤寒、妊娠伤寒、暑病、斑痘等的论述，是对张仲景学说的重要发展。”（甄志亚《中国医学史》）

除《伤寒总病论》外，《宋史》尚载庞安时“又欲以术告后世，故著《难经辨》数万言。观草木之性与五脏之宜，秩（摆列，确定）其职任，官其寒热，班其奇偶，以疗百疾，著《主对集》一卷。……药有后出，古所未知，今不能辨，尝试有功，不可遗也，作《本草补遗》。”其《难经辨》，据民国十年《湖北通志》卷八十二《艺文志·子部·医家类》所载，疑为《难经解义》。《湖北通志》尚载有：《庞氏家藏秘宝方》5卷、《本草尔雅》，然诸书皆佚。《中国医籍考》载有《验方》，亦佚。1963年影印明嘉靖《蕲水县志》卷二《医术》，载有《脉法》，亦佚。唯《伤寒总病论》九卷，1956年，商务印书馆特予印行，推为中医经典著作。

明

麻　城

明 刘天和　　麻城

医籍校勘家刘天和

题记 史载，刘天和刚直不阿、执政勤勉、爱民如子，以贤臣载于史而闻于世。曾巡抚陕西，不屈于佞，为人陷害而遭捕。陕西百姓闻而哭送者，竟达万人之众。正因刘天和爱民之深，执政之余，仍留心医药典籍，择其善者精心编注，翻刻传世，以解黎民疾苦。其编注药书，同时代稍后大医药学家李时珍，尤为重视，并选录于《本草纲目》。刘氏友人吕颛[①]评曰："大司马松石刘公，以其世医之灵验者著为此编，然其意不欲私也，出而布于诸人，可以为厚矣。其老老幼幼之施，可以为博矣。"仁人之心可鉴，为世所重可知。

---

① 吕颛（约1500～1567）：字幼通，又字梦宾，号定原。陕西宁州（今甘肃庆阳市宁县）人。明正德、嘉靖朝名臣吕经（1475～1544）之侄。博学，精书法。政绩显赫有清望。曾任四川参政、云南左布政使，以应天府尹辞归。著有《仕进录》《诸子说括》《定原集》行世。

刘天和（1479～1545），字养和，号松石。湖广麻城（今湖北麻城市）罗铺锁口河人。生于明宪宗成化十五年己亥（1479），逝于明世宗嘉靖二十四年乙巳（1545）。据《麻城县简志》载，刘天和为明武宗正德三年戊辰（1508）进士，授南京礼部主事，后改御史，并作为钦差巡抚陕西。时陕西镇守中官廖堂，奉诏赴兰州筹办御用食物，指示刘天和经办。刘天和以兰州非其“所司”，辞而不往。廖怀恨于心，遂奏刘天和抗命，帝即下诏，逮捕回京。陕西百姓闻而哭送者，竟达万人。刘入狱后，久未得释，吏部尚书杨一清，上疏营救。出狱后，贬为江苏金坛县丞。旋迁浙江湖州知府。任间励精图治，政绩卓著，至嘉靖初，任山西提学副使，累迁南京太常少卿，以右佥都御史，督甘肃屯政。刘天和据当时实况，奏请集肃州壮丁及山西、陕西流民于近边耕牧，并将此法，推行诸边。与此同时，尚提出改革边役十事，使之“田利大兴”。不久，仍奉诏巡抚陕西，乃上疏请求撤除镇守中官及罢为民害者三十余事，帝皆从之。因治理有功，遂升为右副都御史，总理河道。适值“黄河南徙，其济、徐皆旁溢”，刘天和亲自考察后，疏汴河，杀其下流；疏山东七十二泉，浚其下流。所役夫二万，竟不下三月讫工。后因在御退吉囊之中又屡建军功，晋兵部尚书，加太子少保，逝后赠少保，谥庄襄。

刘天和学识渊博，平生著述丰富。有水利专著《问水集》，诗集《太安遗稿》，时论《关陕奏议》，居官纪事《安夏录》，志书《惠湖大纪》《仲志》等。其中，《仲志》一书，乃刘天和“总督河道时，记述济宁仲家先贤事略及仲子祠建置之由”，先名《令名志》，后由仲家子孙增补旧本，更名《仲志》。所著诸书，均见载于《四库全书存目提要》。刘天和尚有医药著述存世。曾读方志专家余彦文①编撰《鄂东著作人物荟萃》，见书中载有："医著《陶节庵伤寒六法》《幼科类萃》《经念良方》。"查网上有关刘天和资料，亦如是记载。然疑前二书，非刘天和所撰，乃刘天和为传前贤医书，以济杏林医家之用而编注。

其一，考《陶节庵伤寒六法》。此书为明代医学家陶节庵（1369～约1450）撰。李经纬《中医人物辞典》载：陶节庵，名华，字尚文，号节庵、节庵道人。余杭（今属浙江）人。"幼读儒书，旁通百家，精医，于伤寒尤有研究。正统（1436～1449）年间至省郡治伤寒，名动一时。著《伤寒六书》（又名《陶氏伤寒全书》）六卷（1445）。包括琐言、家秘的本、杀车槌法、脉证截江网、一提金、明理续论。"庄树藩《中华古文献大辞典·医药卷》中载：《陶氏伤寒六书》，即《伤寒六书》。丛书。"明陶华撰。六卷。"陶氏精于医术，"治病多有奇效，名动一时。于正统十年（1445）辑成此书。系由陶氏所撰六种伤寒著述汇集而成，每种列为一卷"。

卷一《伤寒琐言》，乃陶氏读《伤寒论》心得所集。卷二《伤寒家秘的本》，先列伤寒总论、脉证指法诸内容，继而分述有关伤寒70余种病证，以及风温、湿温、风湿病证治等。卷三《伤寒杀车槌法》，述其劫病法、制药法，并载

---

① 余彦文（1939～）：笔名戈柳。湖北罗田县上余家坳人。1963年毕业于西北大学。湖北著名方志和民俗专家。著有《鄂东风俗志》《鄂东著作人物荟萃》。

秘验方37首。卷四《伤寒一提金》，分述六经之见证法、辨证法、诊脉法、用药法等。卷五《伤寒截江网》，述其伤寒标本、用药法则、六经辨证及妇人伤寒诸内容。卷六《伤寒明理续论》，言成无已《伤寒明理论》止50论。惜其未备，“于是集所见闻，比类附列，斟酌而损益之”（陈梦赉语），增至85论，提纲挈领，辨析伤寒形证，遂成一书，名曰《明理续论》。其内容虽多重复，对证辨析，亦不足精细，然于伤寒分证与治疗方面，却颇多心得，给人以启迪。

清代医学家曹禾《医学读书志》中，对陶华《伤寒六书》六卷，亦有明确记载，且多有批评，言“是书不述本论，惟凭臆断，而文理荒谬，意旨琐絮，虽间有精义名方，实皆剽窃陈言，攘为已作”。然曹氏复录其正统十年乙丑（1445）自序云：“年七十七，子方弱冠，又多疾病，虑已殁后，误于庸医，致绝祖祀，因编书贻教。全生集分列伤寒温病等辨治一百七十三条，复撰六书挈其要领，又恐不知珍重，遂定家秘、杀车槌、一提金、截江网等鄙俚之名，耄荒溺爱，亦可悲矣。”读及此语，陶氏编撰斯书，其拳拳之心，由此可知矣。而曹氏怀宽容公允之心，亦可鉴矣。现代医学史家陈梦赉于《中国历代名医传》中亦载陶氏：“深切脉理，旁察病理，随证制方，不拘古法。每遇奇疾，应手而愈。”尚载陶氏“专治伤寒，深明奥旨，诊脉，用药都很高明”。正因如此，后人对陶氏《伤寒六书》，多有刻本传世。据庄树藩载，此书：“有明嘉靖元年（1522）刻本，清道光十三年（1833）文发堂刊本、敦化堂刻本。”

兹据李、庄二先生所编辞书、曹禾《医学读书志》、陈梦赉《中国历代名医传》所载，《陶节庵伤寒六法》，亦名

《伤寒六书》《陶氏伤寒六书》《陶氏伤寒全书》，乃明代医学家陶华所撰，并非刘天和所著。此书辑成后，受到历代临证医家重视，故流传甚广。陶氏撰写此书时，受到北宋医学家朱肱《伤寒类证活人书》（又名《南阳活人书》《无求子伤寒活人书》，简称《类证活人书》）影响深远，然因其书“辞句颇多重复，并有辨证欠明、方药杂乱之弊”“然该书所论，亦具特点，许多经验良方可资参考”（李经纬《中医人物辞典》），故后世不少名家，整理校勘此书，刻本行世。明刘天和即是其中名家之一，而所行刻本为最早刻本。光绪十年《黄州府志》卷三十四《艺文志·子部·医家类》载为刘天和《陶节庵伤寒六法注》，便是佐证。其书名多一“注”字，正是刘天和校勘陶氏医著最好佐证。随后有正德、万历年间名医徐春甫（1520~1596）（陈梦赉载）、清代名医汪琥诸名家，均对此书，进行校点评注。

其二，考《幼科类萃》。此书为明代儿科医学家王銮撰。王銮，字文融，号容湖。乌程（今属浙江）人。李经纬《中医人物辞典》载：王銮“世以医鸣。先人中立精于婴儿方脉。得家传，业益精，求诊者若市。撰有《幼科类萃》二十八卷（1521）。”并谓该书“推原受胎之始、生产之期，察禀赋，定强弱，视脉之浅深，观色相之衰旺，述病周详，列方全备，间亦附王氏己见。”王中立是明代医家，尤精于儿科。其孙以勤，为安吉（今属浙江）训导。其曾孙元吉，为德清（今属浙江）训导，应召入觐，留太医院。王銮乃王中立后裔，皆为一时名医。庄树藩《中华古文献大辞典·医药卷》载此书：“广引博采萃取诸家之精要，故名‘类萃’。撰于明弘治至嘉靖间（1502~1534）。”并述此书“每门多列脉法、论证、治法、诸方等，并附诸家之说，参以己见，反复辨析。治法强调针药结合，温凉补泻适宜。用药多宗洁古（张元素，字洁古，创易州张氏之学，为易水学派创始人）药式，强调五脏一体，尤重于后天脾胃。为有价值的儿科参考文献。有明刻本及1984年中医古籍出版社据天津市卫生职工医学院藏明刻本影印本”。刘天和“谓其书引用诸家之说，有保婴活幼之效，乃为之刊布”（李经纬载）。刘天和所为之刻本，亦为此书最早刻本。光绪八年重订《麻城县志》卷三十三《艺文志·子目》，列有书目记载，即是佐证。

其三，考《经念良方》。《经念良方》，其书名中“念”字，依中医学常理应为“验”字，故应为《经验良方》。李经纬《中医人物辞典》，载刘天和“编《保寿堂经验方》（约1542~1545），分二十五门，录方一百四十余。李时珍《本草纲目》多处引述其书”。李今庸《湖北医学史稿》亦载刘天和：“正德三年（1508）进士，官至兵部尚书，卒赠少保，谥庄襄。重视医学，曾刻《伤寒六书》《幼科类萃》等。宦游所至，多采灵验方，或经亲试。又节取《政和本草》之方，并见闻所得，编《刘松石保寿堂经验良方》（约1542~1545），分二十五门，录方一百四十余。李时珍《本草纲目》多处引述其书。”两书所述相合。其所述内容，皆源于清宣统《湖北通志》与清光绪八年壬午（1882）刻本《麻城县志》。《经验良方》，因刻本多，流传广，故又称《刘松石保寿堂经验良方》《保寿堂经验良方》《刘氏保寿堂活人经验方》《保寿堂方》《松篁冈刘氏保寿堂经验方》。李时珍《本草纲目》，称《刘松石保寿堂经验方》。《中国医学人名志》（1956）曰：《保寿堂经验方》，上海市文物保管委员会《善本书目》载：《松岗刘氏保寿堂活人经验方》。据此，《湖北医学史稿》评，刘天和“虽为官僚，却十分重视医学。宦游所至，常采录验方，公务之余，即研读医籍。他选取陶节庵《伤寒六法》为其逐节作注。又因王銮著《幼科类萃经验良方》简便适用，就亲自编辑，命人翻刻。经过多年努力，他在《政和本草》《经效产宝》和《袖珍方》的基础上，结合个人见闻体验，编纂了《保寿堂经验方》一书。”由此，足见刘天和编注此书，用心良苦。其不朽功绩，为世不忘，正如其友人吕颛称道：“大司马松石刘公，以其世医之灵验者著为此编，然其意不欲私也，出而布于诸人，可以为厚矣。其老老幼幼之施，可以为博矣。”其仁人之心可鉴，为世所重可知矣。

此书版本，据载有一卷本、三卷本与四卷本。上海图书馆收藏《保寿堂经验良方》是明刻本，为四卷本。书首有吕颛于明神宗万历三十六年戊申（1608）序言，故又称此本为吕颛刻本。每卷卷首、款题皆写有“松岗刘氏保寿堂活人经验方卷几”字样。全书共25门。卷一分六门：通治诸病门、诸风门、诸气门、补益门、小儿门、湿门。卷二分两门：痰门、诸疮门。卷三分七门：痛风门、疟门、痢门、脾胃门、霍乱门、疝瘕门、遗精门。卷四分十门：瘟疫门、积滞门、痞积门、咽喉门、口齿门、目病门、鼻衄门、损折门、痔漏门、杂证门。据吕颛序言所述：“张蒲山左辖尝刻于晋阳，予时为右使，得序而传之。及入黔中，翻阅记室镂版存焉。”（《湖北医学史稿》）由此可知，吕颛刻本之前，尚有晋本（一卷本）与滇本（四卷本）。而滇本为吕颛本之底本。据清医学家陆以湉《冷庐医话》所载，另尚有三卷本，而四卷本流传最广。

据近人研究，此书药方分两部分，一部分源于引录前人医籍，除《政和本草》外，尚有《经效产方》《袖珍方》诸书。一部分是刘天和长期游宦中，留心搜集所得。其中不少内容，是当时医药新经验、新技术，幸此书而得以存传；明以前医籍文献成果，幸此书得以总结；时众多医家，探索病因、病机及证治成果，亦赖此书得以阐述。是书选方精当，完好保存医药成果，显然，此于后世中医药学研究，弥足珍贵。正因如此，此书尤得明末医药学家李时珍重视，编撰《本草纲目》时，刘氏成果，尽得吸收。后世不少医家，亦多称誉此书。清咸丰年间名医陆以湉《冷庐医话·杂方》中载："《保寿堂经验方》三卷，明刘天和撰，方皆精当。其治泄泻少进饮食方，尤为简妙。"刘著医药价值，陆氏给予高度评价。其治泄泻药方，陆氏特将选入《冷庐医话》书中。其方为：用糯米一升，水浸一宿，沥干燥，漫火炒令极热，磨细罗过如飞面，将怀庆山药一两，碾末入米粉内，每日清晨用半盏，再入砂糖一茶匙，胡椒末少许，将极滚汤调食，其味极佳，且不厌人，大有资补之功用。久服之，精寒不能成孕者亦孕，盖有山药在内故也。方后，陆氏特加评语曰："此是一秘方，勿轻视之。"

刘天和一生为官，勤政爱民，为人耿介正直，光明磊落，朝野上下，无不敬之。刘氏每至一处，必细心察访民情，了解民间疾苦，为解生民病痛，特留心医药，精选医书，执政之余，加以校注，并刻印行世。《陶节庵伤寒六法注》《幼科类萃》即是。至晚年告老归乡，仍不忘民生疾苦，将平生所搜集药方，辑成《保寿堂经验方》（亦名《经验良方》)，以之传世，造福于民。因选方精当，适合临证选用，故广传民间。正因流传甚广，刻本故多，其书之名，或冠以“刘松石”“刘氏”，或冠以“松岗刘氏”“松篁冈刘氏”诸名，均是后人，深怀敬仰之心，以示纪念而誉之。

罗 田

明 万全(密斋) 罗田

临证医学大家万密斋

题记 在我国医学史上，临证医学的发展，历经了漫长的积淀过程。汉末名医张仲景，在继承《内经》诸先贤基本理论基础上，结合临证实践，撰成《伤寒杂病论》，首次使祖国医学理论与临证实践相结合，从而奠定了临证医学发展基础。此后临证诸科，历经魏晋以来历代医家不懈探索，至明后期，均得到长足发展。其临证医家诊治水平与临证著述成果，均臻鼎盛时期。一代名医万密斋，便是这一时期最杰出的临证医学家之一。

万全（1499~1582)，字全仁，号密斋，谱名事全，别号通仙，又自称江湖逸叟。湖北罗田县大河岸人。考其生卒年，诸载不一。《罗田县简志》载为：1488~约1580。陈梦赉《中国历代名医传》载为：1482~1579。李今庸《湖北医学史稿》载为：1488~1578。傅沛藩、姚昌绥、王晓萍编校《万密斋医学全书》载为：1499~1582。胡荣希《医圣万密斋传》以《万氏宗谱》为据，参考其他文献，详细考证，所载生卒年，与傅、姚、王等相同。

万全出生医学世家。祖杏坡，字兰窗，谱名梅素，豫章（江西南昌进贤杨家山）人，以幼科闻名，早卒。父筐（1448~1529），字恭叔，号菊轩，谱名松寿，继父业，著《痘疹心要》，明成化十六年（1480）客居罗田，娶蕲水（今浠水）陈氏为妻，后即安家罗田大河岸，医术大行，传为“万氏小儿科二世”。万全自幼受其家学影响，耳濡目染，于医于药，浸润良深。

万全天禀聪颖，且勤奋好学。八岁即能吟诗诵赋，家人视为掌上明珠。虽为独子，五叔松劲（字桂轩）仍执意立全兼继为嗣。十余岁时，随父在药铺做助手，每做一事，必精心精意；每遇疑难，必穷源溯流，探其究竟。闲暇时，手不释卷，常废寝忘食。一次，有乡邻前来取药，走至跟前，万全凝神看书，毫无察觉。乡邻不忍打扰，俟之于侧。恰遇其父进门，见万全失礼乡邻，责之。乡邻却赞道：“令郎读书用心，将必成大器。”其父菊轩翁，有心传授家学，却反其身传家教之习，让万全先攻儒学，以奠国学根基。为使成才，不惜重金，于万全16岁时，送至名师门下。时罗田巨儒张玉泉①、胡柳溪②，深通律历史纲之学。父命师从张、胡二先

① 张玉泉：名明道。胡明庶异姓兄弟。本为胡大洪遗腹子，大洪逝，其妻改嫁张某，明道始生。嘉靖八年己丑（1529）进士。为官有政声。晚年还乡著述自娱。罗田建有“张明道读书处”，以励后学。

② 胡柳溪：名明庶，字公辅。罗田人。嘉靖十一年壬辰（1532）探花。久于朝廷为官司，清廉有声。与胡明通、胡明书、堂兄张明道，为罗田明嘉靖年间一家四进士。罗田县城古楼街修有“联璧坊”。

生。万全勤研苦学，于律历史纲、诗词歌赋，皆得先生之传，且尤得张氏赏识，为张氏爱徒。三年学成，通过童生入学考试，为儒学生员，24 岁为廪膳生。然历乡试三次，竟然未中。末次入考前，于嘉靖八年（1529）正月，父菊轩翁治愈万全长子邦忠痘诊后，不久竟溘然辞世。万全守孝至三年（1531），为求得补考机会，仓促应试，终未如愿，遂放弃入仕希望，一心钻研医学。

万全虽未进入仕途，然自幼发愤学习，既得家庭良好教育，亦得名师严格训导，其国学根基扎实，课余涉猎中医群书，未正式行医之前，即能处方用药，使其父深感惊讶。一次，其父为一患儿痘疮变黑而忧叹，万全问明原因，竟自告其父，言能治愈。随父至病家，果治愈患儿。其父迷惑不解，惊问何以知治此病？万全便据平时所读医书、所知医理，一一解释。其父大喜，说："汝以儒为医，吾家之医，后继有望矣。"此后，其父将平生所精医技，悉心传授万全。不数年，万全医术闻名乡里。

万全长于痘疹，且治法独特。据《古今图书集成·医部全录》卷五百十一载，万全曾游于郡城，有一痘疹患者，昏死半日，家人以为无望。万全正好路过，闻听哭声，主动上门求诊，言其可救。万全置患者于净泥沙中，使痘疹复发，且徐徐喂进汤药。三日后，患者渐渐转好。消息传遍郡城，闻者无不叹服，称万全医术如神。其时，一富豪少年，闻而不服，假装重病，先卧于密室重帏中，使仆人寻来万全，于床帏内伸手让万全诊断。万全诊后，直述家人："越十五日当死，不可救，服药无益。"少年闻言大怒，冲帏而出，骂道："吾何病？聊试汝耳！"言罢仰首大笑。万全坦然不惧："诊视如此，不知病也！"言毕，惋然而去。至十四日，少年果病，猝发而死。自后凡请万全诊治者，皆笃信不疑。

一日，万全出外行医，返回故里，应一乡先生之请，至家，恰遇两新婚女子谈笑而进。见万全坐于堂上，羞而欲避，乡先生笑说："万先生年迈，且仁厚之君，无妨也。"两女子俱20余岁，体格健旺，未见病状，而万全见后，面色骤变，忧戚不语。乡先生惊问，万全痛惜道："此皆未痘，痘将发矣。一可救，一不可救。"一月后，两女子痘发，一女得救，一女无法救治而夭亡。

万全不负父望，历经数十年磨炼，医术臻于精湛，临证尤精于辨证论治，特别强调："医要识证，药要对症。""凡为医者，要识脉证。审其病证，知其病之所在；诊其脉，知其病虚实。"唯其如此，方能"吐下之差，补泻之适，则十全之功自可得也"。其医德高尚，尤为人称道。其著《育婴家秘·卷之一》中说："医者，仁术也，博爱之心也，当以天地之心为心，视人之子犹己之子，勿以势利之心易之也。如使救人之疾，而有所得，此一时之利也。苟能活人之多，则一世之功也。一时之利小，一世之功大。与其积利，不若积功。"万全身体力行，一生治病，从不论其贵贱，均能一视同仁。《幼科发挥·卷之四》载一则医案，至今仍广为流传，甚为感人。案载，罗田有举人胡元溪，其子笃庵4岁，于仲春患咳嗽病。胡氏与万全，昔日曾为学馆同窗。因万全成绩优异，深得先生器重，胡氏心生妒忌，暗中构陷万全，是以积怨甚深。虽知万氏医术精湛，却不肯请万全医治，而另请他医，后致病重，不得已而请万全诊治，却又心存多疑。见患儿病情好转，即另请他医，致使延误医治，直至次年秋日，患儿病危，再请万全。万全仍不计前嫌宿怨，即刻赶往病家，以救病儿为重。小儿病愈，胡氏夫人以重金相酬，万全竟不取任何酬谢。元溪全家，感激不尽，从此宿怨尽解，两家重归于好。其医德之高，此案可见一斑。

万全一生救治病人，数以万计。许多临证故事，救人于病危，至今仍流传鄂东民间，相传不衰。据《罗田县简志》载，万全谢世近百年后，“曾被清帝封为医圣，墓在大河岸河西广家岗。距县城十三公里。清康熙四十七年（1708），罗田知县沈廷桢为他重建坟墓，撰文竖碑。”《万氏宗谱》亦载：“事全以医学术精，活人甚众，著有医书行世，藏入四库。国朝加封医圣。”据当地群众讲述，其墓穴用青砖砌拱，灵柩悬吊拱中，称为“京畿御葬”。

万全子嗣繁多。20 岁时，娶妻钱氏，因婚后四载不孕，其父菊轩翁已年届 75 岁，令娶甘氏为妾。后复娶妾王氏。万全生有十子一女。十子依次是：邦忠、邦孝、邦宁、邦和、邦正、邦治、邦靖、邦成、邦瑞、邦化。一女，后嫁蕲水学生李中庵。长子邦忠、次子邦孝、五子邦正、六子邦治、七子邦靖，均随万全行医。门人有甘大用、甘大文、蔡朝衣，皆以医为业，然医术平平。有好友胡三溪，曾师从万全学医，然三溪入国子监，后授职县丞，偶为人治病，亦不以医为业。

万氏著作，虽至万全广传于世，然其诸多著述，实积三世临证经验而成。其著述浩富，史上罕见。万氏以儿妇科闻于世，然据其著述所见，涉及领域广，通内外诸科及养生，而以酒疾论治专著，尤为中医临证学罕见。万氏医书虽经年移代革，却因其临证效验高而广传不衰。明嘉靖时，民间即有万氏医书手抄本流传。自隆庆有孙应鳌首刊《痘疹心要》刻本后，万氏医书种类逐增，流传渐远，影响日盛。迄今为止，万氏医书，已流传日本、朝鲜、韩国，受到国外医界重视。

万氏医书刻本，现存最早最全者为万达本。万达，为万全玄孙。其书《万密斋医学全书》，即清顺治年间（1644~1661）所传“万氏全书”，由万达辑刻。1979 年，罗田县卫生局组织专班，以“万达本”为基础，搜集整理校注出版《万密斋医学全书》，共计 13 种，依次为：《万氏家传保命歌括》《万氏家传幼科发挥》《万氏家藏育婴秘诀》（亦名《育婴家秘》）、《万氏秘传片玉心书》《万氏秘传片玉痘疹》《万氏秘传痘疹心法》《万氏妇人科》（亦名《万氏女科》《女科要言》）、《万氏家传广嗣纪要》《万氏家传伤寒摘锦》《万氏家传养生四要》《万氏家传幼科指南心法》《万氏秘传外科心法》《万氏家传点点经》（以下为行文简便，均以各书名关键词代之）。于 1981 至 1986 年间，由湖北科学技术出版社、湖北人民出版社，分别以单行本出版。书名均冠以“万氏家传”或“万氏家藏”“万氏秘传”字样。原万达本及其后视履堂、清畏堂、忠信堂所刊《万氏全书》，均为 10 种，108 卷。此次则以前者为基础，取出原《幼科》2 卷，替之《幼科》增订本 4 卷；取出《女科》3 卷，替之《女科》增订本 4 卷，并于 10 种之外，复补辑 3 种，即刻本《幼科指南》2 卷、旧抄本《外科心法》12 卷、从未刊行手抄本《点点经》4 卷，总共 13 种，129 卷。此为第一套收辑万全著作最全者铅印本。为全面保存、传播万全著作，其贡献可谓重大。此书一出版，全国各地，反响强烈。1990年，该书参加国家中医药管理局在京举办首届“中国中医药文化博览会”，荣获“神农杯”铜奖（熊传海《鄂东四大名医》）。

1999年，中国中医药出版社成立“明清名医全书大成丛书编委会”，编辑出版《明清名医全书大成》系列丛书。总主编胡国臣。《万密斋医学全书》即列入丛书30家内。主编傅沛藩、姚昌绶、王晓萍等。此“全书”，亦以万达刻本为底本，共10种，108卷，除《万氏女科》冠以“万氏”字样外，余九种，皆无“万氏”字样。书末收《万密斋医学学术思想研究》一文，是全面深入研究万密斋临证医学学术思想成果，尤具学术价值。

万氏三世为医，至万全以儿科著称，且贡献卓越。《万密斋医学全书》10种，其中有五种专为儿科立论：《育婴》《心书》《幼科》《心法》《痘疹》，深为后世医家推崇。于儿科学之发展，可谓贡献杰出。述其学术贡献，要者有六。

其一，重视先天，提出调护“四养”说。万氏据长期临床观察，认为父母体质强弱，对于幼儿禀赋，尤为重要。《幼科》述：“人之有生，受气于父，阳之变也；成形于母，阴之合也。阴阳变合而成其身。”“夫男女之生，受气于父，成形于母。故父母强者，生子亦强；父母弱者，生子亦弱。”（《幼科发挥》）万氏提出“四养”观点（傅沛藩等编校《万密斋医学全书》）：一者预养以培其元。为父母者，宜预先摄养身体，为后代出生时，有充足先天元气做好准备。此即调元之意。二者胎养以保其真。母于孕期，当时时谨节，注意饮食调摄，情绪稳定，房劳适度，方免胎儿生疾。此即保胎之道。三者蓐养以防其变。蓐，草席也。此指产妇坐月期间护养。应使母婴获得全心调护。此即护产之法。四者鞠养以慎其疾。万氏尤为强调婴幼儿卫生保健、精神调摄与幼儿早期教育，皆极为重要。重视幼儿身心健康与心理，遵循发育规律。万氏早于400余年前，提出优生优育观点，极为可贵，完全符合现代优生优育科学观点。

其二，掌握特点，创立发病“三因”说。《幼科》述，小儿“气血未定，易寒易热”“肠胃脆薄，饮食易伤；筋骨柔弱，风寒易袭”“体性乃纯阳”，发病则“易虚易实”。万氏据小儿发病特点，首次提出“三因”说：一为外因所致：衣太厚则热，太薄则冷，过热过冷，均能致伤。二为内因所致：乳多则饱，乳少则饥，过饥过饱，皆能致伤。三者不内外因所致：客忤中恶，坠仆折伤。因此，万氏要求：应顺应天时，适其寒温，使之不伤冷伤热。喂养谨慎，宜节饮食，使之不伤饥饱。若能“调护之谨，爱惜之深，必无纵弛之失矣”。此于小儿保健与疾病防治，其指导意义，尤为重要。

其三，推重先贤，倡导“有余不足”论。宋儿科圣手钱仲阳[①]认为，小儿“五脏六腑，成而未全，全而未壮”，金

---

① 钱仲阳（约1032～1113）：名乙，字仲阳。北宋郓州（今山东东平）人。有“儿科之圣”“幼科鼻祖”之誉。《四库全书总目提要》称“钱乙幼科冠绝一代”。创六味地黄丸为补阴代表方，原名地黄圆。著《小儿药证直诀》，由门徒阎孝忠整理而成。

名医李东垣①认为“内伤脾胃，百病由生”，元名医朱丹溪②倡“阳有余阴不足”论，万全深研诸贤理论，结合临证经验，首次提出小儿五脏有余不足论，揭示小儿五脏生理与病理特点，并成为儿科脏腑辨证论治理论依据。其五脏有余与不足是：肝心常有余，脾肺肾常不足。万氏认为：儿之初生曰芽儿，如草木之芽。其气方盛，故肝有余；心属火，旺于夏，所谓壮火之气，故亦有余；儿之初生，以母乳为食，水谷未入，其气尚弱，故脾常不足。肺为娇脏，难调而易伤，故肺常不足。肾主虚，是父母有生之后，其禀气不足，故肾常不足。临证宜据虚实而调治。

四者，幼儿诊治，四诊合参尤重望诊。儿科向有哑科之称。乃因幼儿口不能言，或言而不准，而幼儿脉气未充，又难以为凭，是以万氏经细心观察，据“口不能言，脉无所视”（《幼科发挥》）幼儿特点，临证诊治，尤重望诊，提出“唯形色以为凭”诊法。其《心书》辨幼儿形色，列多篇阐述，首列《活幼指南赋》，论幼儿形色，尤为精辟，尚列

---

① 李东垣（1180~1251）：名杲，字明之，晚号东垣老人。镇州（今河北正定）人。曾拜易水名医张元素为师。提出“内伤脾胃，百病由生”，创“脾胃内伤学说”，立补中益气方，为补土派创始人。金元四大医家之一。著《内外伤辨惑论》《脾胃论》。张元素（1131~1234），字洁古，易州（河北易县）人。易水学派创始人。

② 朱丹溪（1281~1358）：名震亨，字彦修。故里有溪名丹溪，学者遂尊为丹溪翁、丹溪先生。婺州义乌（今浙江义乌）人。提出“阳常有余，阴常不足”，创阴虚相火病机学说，用药多滋阴。滋阴派创始人。初师侍理学家许文懿。后受业于刘完素再传弟子罗知悌，传刘完素、张从正、李东垣三家学说，成一代名医。为“金元四大家”集大成者。著《格致余论》《局方发挥》《丹溪心法》。

《辨虎口指脉纹诀》《察形色之图》《观形色总论》诸文，分述其详。其《幼科》书中，亦列多篇，如《入门审候歌》《观面部五色歌》，而《指南赋》一篇，亦列其内。万氏强调“惟形色以为凭，竭心思而施治”“凡看小儿疾病，先观形色，而切脉次之”。万氏强调望诊同时，仍注重中医四诊合参，言：“望闻问切，医家之大法也”“儿有大小之不同，病有浅深之各异。观形察色之殊，望闻问切之间，若能详究于斯，可竭神圣工巧者矣。”（《幼科发挥》）万氏论述精辟，为后世儿科诊断学之发展，其贡献之显，卓然可见。

其五，恪守病机，发展五脏证治学说。万氏继承前贤，既遵循仲阳儿科理论、东垣脾胃学说，并结合平生临证经验，使儿科五脏证治理论，臻于完备。《育婴》以五脏分类，基于各脏生理病理特点，详论五脏辨证原则与治疗大法，示以规矩。《幼科》以五脏为纲，病证为目，以五脏各自主病、兼证及所生病，分别统领具体病证。万氏五脏分证法，提纲挈领，尤适于临证应用，亦便于后人学习。临证治疗，尤重脾胃调理。据幼儿“心肝常有余，肺脾肾常不足”特点，补泻之中，于诸脏各有侧重，提出“心肺脾三脏有补有泻，肝则有泻无补，肾则有补无泻”原则，并说：“人以脾胃为本，所当调理，小儿脾常不足，尤不可不调理也。调理之法，不专在医，唯调乳母，节饮食，慎医药，使脾胃无伤，则根本常固矣。”（《幼科发挥》）此于临证诊治，尤具指导意义。

其六，仁心妙术，擅治惊疳麻痘诸证。擅治小儿惊疳麻痘诸证，乃万氏三世之长，且皆有创见。惊风有急慢之别。急惊风有“三因”：外感邪热、湿热宿食停滞、惊恐类，三者皆可生热化火，热极引动肝风，发为急惊，故急惊宜从肝治。慢惊风，多因脾胃虚损所致，治当补脾健中。万氏善以小建中汤、调元汤诸方，调养小儿脾胃。疳证是“小儿科之极病”，虽五脏有异，然“皆脾胃之病也”。其病情顽固，迁延难治，是为儿科病中恶候。治疗时，若病在初期，实证明显者，重在消积；虚实并见者，方可攻补兼施；虚象毕现者，应重补脾益气。麻疹一证，万氏析其病因，言“诊虽胎毒，多带时行，气候暄热非令，男女传染而成。”（傅沛藩等编校《万密斋医学全书》）指出麻疹病因，多为天行疠气传染，与现代医学认识一致。析其病理病机，认为“疹小而碎密者，少阴心火也。阴道常乏，故小而密。心火旺则肺受之，治疹先以肺为主”（傅沛藩等编校《万密斋医学全书》）。治疗强调，治麻用药，当审时令。痘疮，亦名天花。万氏以大量篇幅，于预防、诊断、疗治、预后诸环节，皆分别详论。尤于痘后余毒、痘疮逆证，分别提出治法与方药，其实用价值，临证可知。

万氏于妇科学贡献，亦尤为突出。著述主要有《妇人科》《广嗣》。万氏运用脏腑学说理论，阐述妇女生理、病理特点，于调经、种子、胎前、产后保养、疾病治疗，皆有新见解，后世医家多有评述。熊传海《鄂东四大名医》评述最为详细。傅沛藩等则从调经、妊娠、产病三者进行评述，尤为精辟。述其要者有二。

其一，调经注重情志、体质与痰湿，治以理气补心脾为主。一是，初诊其病，归于“三因”：一曰心脾两虚，宗于《内经》之说：“二阳之病，发于心脾，女子经病。”二曰冲任损伤，多因“女子之性，执拗偏急，忿怒妒忌，以伤肝气。肝为血海冲任之系，冲任失守，血气妄行”，致生其疾。

三曰脂痰凝塞，“惟彼肥硕者，膏脂充满，元室之户不开，挟痰者痰涎壅滞，血海之波不流。故有过期而经始行，或数月而经一行，及为浊为带为经闭，为无子之病”。二是，辨证注重“三要”。导致妇女月经病，析其病机，应重视女子情志、体质、痰湿三者影响，继而据其体质胖瘦施以治疗。而于痰阻所致而月经不调者，辨证要点有三：一者多见于体质肥硕或素体多痰湿女子。二者除见经候不调之见证外，必兼有痰湿为患之其他见证。三者用于调肝肾、理气血诸法无效者。三是，概之调治大法，辨证施治，以平为期。《妇人科》明确提出：“大抵调治之法，热则清之，冷则温之，虚则补之，滞则行之，滑则固之，下陷则举之，对症施治，以平为期。”“随其症而用之，鲜有不效者矣”（《万氏妇人科》）。

其二，妊娠强调择时、优生与养胎，治以清热益脾胃为主。万氏以种子、胎养、养胎三者，述为妇产科之要。

一者，种子宜有法。万氏强调，凡“生育者，必阳道强健而不衰，阴癸应候而不愆。阴阳交畅，精血合凝，而胎元易成矣。”要求“种子者，男则清心寡欲以养其精，女则平心定气以养其血，补之以药饵，济之以方术，是之谓人事之当尽也”（《万氏妇人科》）。万氏种子、优生之论，至今仍具有重要意义。二者，重视胎养，定法六条。胎养，指妇人孕期，应注重自身保养及宜忌，以利于腹内胎儿护养。傅沛藩诸先生认为，历代妇科医家，虽皆重视胎养，然以万氏胎教内容更为完善、系统，亦符合现代“围产期医学”要求。强调受胎之后，宜重胎养，戒者有六，不可少犯。即戒房事，节饮食，调七情，适起居，慎医药，重禁忌。三者，孕期患病，宜清热以养胎，施治宜重脾胃。强调“孕妇有疾，只以和胎安胎为本，所感外伤内伤之症，以末治之”。认为安胎重在清热养血，曰：“黄芩安胎圣药，清热故也。谓温经之药可养胎气，误人多矣。”而“养胎全在脾胃”（《万氏妇人科》）。种子、胎养、养胎，三者宜慎，不可疏忽。然产后亦不可疏忽，宜分辨虚实、败血与聚散，治以行滞补气血为主。万氏积有丰富妇产科经验，于产后病治疗，论述尤为精辟，可谓发前人之未发。认为失血致虚，败血成瘀。其虚证多因产时失血过多，冲任受伤，导致气血两亏、脏腑虚弱而致病。其实证，多因产时败血未及时排出体外，流散脏腑经络而致病患。因此提出：血虚宜补，败血宜除。万氏于妇科病病因、病机及辨证施治，皆见解独到。其家传不少妇科验方，至今仍广泛应用临床，于后世产生重大影响。

养生历来为医家所重。自春秋战国以来，探索养生奥秘，渐为世人所重。养生思想、养生方法，随之积累丰富，养生理论逐渐形成，养生著作亦不断出现。万氏《养生》刻本流传后，尤为世人所重。新中国成立以来，医类高校中国医学史教材，凡涉及养生内容，均要论及万氏养生理论，足见万氏于养生学贡献，深为世人瞩目。

《养生》列于万氏医学全书之首，可见养生重要。序曰养生宜“屏嗜好，适寒暄，顺翕张，调滋渗”，故名“四要”。该书五卷，分寡欲、慎动、法时、却疾，论述养生之道与养生之法，收载疗病强身方剂与万全养生验方，为摄生保健、延年益寿专著。万氏强调：“养生之道，只要不思声色，不思胜负，不思得失，不思荣辱，心无烦恼，形无劳倦，而兼之以导引，助之以服饵，未有不长生者也。”（见

《养生四要》）其养生观与养生法，概之有：寡欲清心，固精养肾。饮食有节，清淡为宜。情发中和，恬愉舒泰。和于阴阳，顺应自然。未病先防，慎于医药（熊传海《鄂东四大名医》）。

万氏首撰酒疾专著，警世以生命为重。酒之发现与使用，于医学史有其重大意义。其早期，多用于祭祀与病痛医治。《素问》载酒在古时“邪气时至，服之万全”，《汉书》有酒为“百药之长”之说。因酒能通血脉、行药势，少量饮用，于人体有兴奋或强壮作用。然历代医家，亦渐知酒乃多种疾病致病因素，但论治酒疾专著却罕见。万氏《点点经》，辗转传抄，流传鄂东民间。至1986年，由湖北科学技术出版社出版后，才广传于世。全书四卷，分别于酒病病因、病机、辨证、治疗作以全面论述。

其论述要点：一是酒性湿热，其“毒邪”为致病之因。酒之味辛苦甘，节而少饮，不致大害。若“不知厌足，日进月深，火毒侵耗”，则会使人“气血俱伤，无病不作”。此是因酒病致害，非一般湿热之邪，而是“酒毒”所致。万氏明确指出：“酒毒湿热非常，肆意痛饮，脏腑受害，病发不一。”此与现代医学不谋而合。二是酒毒慓悍，故能遍及脏腑经络，故强调若“饮酒过多，毒伤焦火，邪毒流注，脾胃染毒，分发五脏六腑，积害日深，邪愈猖獗”。对此，现代医学已得到充分证实。书列酒门三十证，分别辨证论治。三是审因论病，详辨酒症杂病，对症处方用药医治。强调诸病之因，虽均为邪伤正气、脏腑功能失常所致，然酒毒伤人，远甚诸邪，往往多脏腑同时受害。一旦发病，诸病蜂起，变化莫测。故对酒毒引起诸病，一一辨疑析惑。四是治法灵活，酒病注重解毒。万氏广集前贤疗酒病之精华，结合临证实践，明确提出酒病治疗总则："不外散寒、养血、和气、开导。"万氏撰此专著，论治酒病，所述理法方药，已广为杏林推崇。而万氏借此书，亦力劝世人饮酒当慎："若问酒病实难言，贪酒无厌病之源。量无大小皆为害，一时触发受熬煎。"（《点点经》）随之社会发展，酒为常用之品。其潜在危害，亦悄悄进入人们生活。如过量饮用，于人健康，危害颇大，导致种种疾病产生。是以深入研究酒疾，有效防治酒病发生，其意义之深，尤可鉴之。

万全临证医学著述，随历代医家临证检验与深入研究，其临证医学，自明迄今，由国内至国外，受医界重视，愈来愈广；中外专家学者，著文评述万氏医学，愈来愈多。万氏医学，得到广泛肯定。

明末医家王肯堂、张景岳、武之望及清代医家沈金鳌，分别在其《证治准绳》《景岳全书》《济阴纲目》与《沈氏尊生书》中，均以不同篇幅，摘引万氏观点及有关治则。清代医家陈复正辑著《幼幼集成》，其中万氏麻痘专论，竟占去三分之一篇幅，并指出："痘科之书，如冯氏、翟氏、陈氏、万氏，又以万氏明显，可以济急。"西昌裘琅认为，万氏"按方剂药，亦可立起沉疴，真寿世之金科也"（见《万氏妇人科》）。清代出版《古今图书集成》，万氏医书大半分册，均收辑编入。日本、朝鲜医药学者汤本求真、丹波元胤、丹波元坚、许浚，分别在所著《皇汉医学》《医籍考》《杂病广要》《东医宝鉴》中，于万氏学说，或引用，或考证。而日本古方医家鼻祖、名古屋玄医（丹水子）评《痘疹》说："世称痘疹书者许多，然不若此书之本仲景、河间、东垣、丹溪、钱陈二氏，又搜集群书，痘疹一科无遗，简而要。”（胡荣希《医圣万密斋传》）其评价之高，足见万氏痘疹著述，流传日本之广，影响之大。

国内现当代评述者，更是不胜枚举。陈梦赉评其《心法》：“阐发幽微，辨释痘疹的虚实异同，用药补泻机变相互为用，尤为重要；且参考百家，审证立方都能穷竟源委，真是痘疹家的正法。”“数百年来，万氏小儿科有名于世。万全精于治病，著作等身，对祖国医学有相当贡献。”（陈梦赉《中国历代名医传》）吴鸿洲评其《幼科》“论述小儿生理病理特点，颇有发明，至今仍为儿科医家所推崇。”（吴鸿洲《中国医学史》）梁永宣言《妇人科》论述90余种妇产科常见病证，评其“论理精当，所列方药多为家传秘方和作者多年临证经验方，并附有验案，简明实用。”评《养生》“是摄生保健、延年益寿的专著”（梁永宣《中国医学史》），实用价值极高。李今庸赞万全“不仅医疗技术精湛，而且医德十分高尚。”“以活人之心，不计宿怨，千方百计救治冤家小儿危重病证”，万氏“许多不辞劳苦、不计名利，为民治病的事例，在人民群众中传为佳话。”“是一个深受人民爱戴的名医。”评“万氏业医，勤求古训，博览群书，善于取诸家之长，又勇于实践，大胆创新。他精通内、外、妇、儿等科，素以儿科驰名，尤因精治痘疹而著称于世。”（李今庸《湖北医学史稿》）熊传海评万氏医书，“实践性强，论述精辟，辨证准确，方简切用，内容丰富，历400余年而不衰，对后世有很大的影响。”（熊传海《鄂东四大名医》）

概之，万氏临证医学，在中外医界享有崇高地位。昔汉代张仲景承《内经》之旨，以六经立法，创辨证论治，撰

《伤寒杂病论》，为千古杏林立救治之法，成方书之祖，为杏林之圣。万全亦宗《内经》之旨，潜心临证诊治，通内外儿妇诸科及养生学，尤精妇儿科，救人以万计。后人尊仲景为医圣，而全亦誉为医圣，两位名医，皆是临证医学大家，为千古敬仰。

综观万氏诸科所述，其著述与学术思想，可谓源清流洁，根盛叶荣，涉及儿妇内外诸科及优生优育、延龄广嗣、养生保健，堪称博大而精深。其著述之精博，承前启后，阐扬古义，务实求是，颇多创见，于明清临证医学影响深远；因其理法方药齐备，施治灵活，实用性强，于当代及后世中医药理论研究与临证诊治，亦具重要参考价值。有鉴于此，深入探讨万氏医学以发扬光大，为人类造福（见傅沛藩等编校《万密斋医学全书》），当责无旁贷，其旨深远。

蕲　春

明 李时珍　　蕲春

医药学巨擘李时珍

题记　一位科技巨人站起，需要数代人心血筑基，还需要巨人毕生奋斗。杰出的临证医学家万密斋如此，与之相距不足百里、且与之同时代的医药巨匠李时珍亦如此。李时珍积数代人心血，倾平生精力，著成药学巨著《本草纲目》。巨著诞生后，不仅在华夏药学界，且在世界科技界，引起巨大反响。著者成为世界科技巨擘，巨著译成五十多种语言出版。李时珍，不仅是国人的骄傲，更是人类的骄傲。

李时珍（1515～1590），字东璧，一字可观，晚号濒湖山人。湖广蕲州（今湖北蕲春县）瓦硝坝人。考其生卒年，诸载不一。钱远铭《李时珍史实考》载为：1518～1593年。李今庸《湖北医学史稿》载为：1515～1590年，本书取李说。

李时珍出身世医之家，祖为蕲州名医。父言闻，字子郁，号月池，晚号藏六野人。潜心好学，博通经史；乐行善事，常以德义服人，深得族人、乡邻敬重。早年热衷仕途，然怀才不遇。一生以医为业，精通医理，嘉靖二十八年己酉（1549）选为贡士，后录为太医院吏目。官职低微。不久辞归故里，于蕲州玄妙观设诊，普济乡人。据《明史·艺文志》《本草纲目》（引用书目）载，著有《医学八脉注》《四诊发明》八卷、《痘疹证治》《四言举要》《月池人参传》二卷、《月池蕲艾传》一卷，时珍赞其父“精深广博，浅学难以学通”。据李时珍《本草纲目·黄芩》条载，月池翁医术精湛。李时珍20岁时，因患感冒，长时咳嗽不止，且复犯戒，遂病转骨蒸发热（相当于结核病），皮肤如火燎，每日吐痰碗许，暑月烦渴，寝食几废，六脉浮洪，遍服柴胡、麦冬、荆沥诸药，月余不治，病情加剧。家人均以为痊愈无望。父月池翁偶思李东垣曾说，治肺热如火燎，烦躁引饮而昼盛者，是气分之热，宜用一味黄芩汤，以泻肺经气分之火，遂依方用片芩一两，水煎顿服，次日身热尽退，痰嗽皆愈。时珍赞其父医术说：医中肯綮，如鼓应桴。医中之妙，有如此之神哉！

李言闻生有二子一女。长子果珍，号邻湖。时珍为其次子。女嫁柳氏，生子柳乔。李时珍幼年体弱多病，然聪颖机灵，尤好读书，深得其父喜爱。曾拜理学家顾问①为师。因囿于社会传统价值观影响，同时，亦受其父严格教育与督促，李时珍早年追求科举仕进，冀于建功立业，青史留名，光宗耀祖，14 岁补诸生。然自 17 岁起，连续乡试三次，皆遭落选。科场失意，李时珍打击甚大，激愤之下，不甘沉沦，刻苦读书，潜心治学，“读书十年，不出户庭，博学，无所弗睓。”（顾景星②《李时珍传》）“上自坟典，下及子史百家，罔不该洽。”（封蔚礽《蕲州志》）“渔猎群书，搜罗百氏，凡子史经传，声韵农圃，医卜星相，乐府诸家，稍有得处，辄记数言。”（王世贞《本草纲目·序》）李时珍读书之勤，涉猎之广，其学识之博，几乎阅遍所获群书。十年辛苦耕耘，为日后科学研究、著书立说，筑基坚实。与此同时，李时珍更深得其父悉心传授，亦始助其父诊治病人。

---

① 顾问（1511～1591）：字子承，号日岩。传说母梦岩上日升而生，故号日岩。蕲州（今湖北蕲春）人。嘉靖十六年丁酉（1537）举于乡，十七年戊戌进士。弟顾阙（1528～1613），字子良，号桂岩。嘉靖三十二年（1553）进士。兄弟二人皆为官清正廉洁，世称“天下清绝，顾问顾阙”，均为当时著名理学家，并称“二顾”。

② 顾景星（1621～1687）：字赤方，号黄公。蕲州（今湖北蕲春）人。明末贡生。父顾天锡。理学家顾阙曾孙。15 岁试于黄州，名震全府，院试夺魁，誉为“江夏神童”“博通君子”。南明弘光朝时，考授推官。入清后屡征不仕。清康熙十八年己未（1679），荐举博学鸿词，称病不就。著述宏丰，计 430 卷之多。其中《白茅堂集》46 卷，《黄公说字》100 余卷中有 47 卷编入《四库全书》。

经一段时间临证实践，李时珍即能独立行医，处方用药。不多久，其医术竟渐越其父月池翁。据载，时珍正式业医前，恰遇蕲州暴发洪灾。蕲河两岸，汪洋一片。蕲州人民，流离失所。水灾过后，疫病流行乡里，死者病者无计。时珍亲睹惨状，悲痛于心，遂奔走四乡，采用自拟方药，悉心救治患者无数。于未染疫者，采用预防措施，使蕲州各乡村疫情，得到及时控制。此次疫情救治，李时珍临证技术，亦得到检验与提升。

李时珍得其家学真传，且博采众家之长，其医术日益精湛。且承父风，为人笃厚，医德高尚。其医术声望，亦因此而渐远扬。至今鄂东一带，李时珍治病救人故事，流传甚广。而李时珍不少临证案例，《本草纲目》及诸史志文献中，稍加留心，即可查阅。

如载一宗室夫人，年近花甲，久患便秘。每次大便，痛苦如同分娩。虽经诸医治疗，病情终未得缓解。诸医诊治，或诊为血燥，以养血润燥药服之，服后反觉胸膈胀满不舒。或以大黄、芒硝泻下，服后仍毫无反应。如此医治，竟至三十余年，皆未见效。患者唯有自行缩减饮食。后经李时珍诊治，见患者体肥而多忧郁，日吐酸痰碗许，且多火病之候。李时珍认为“此乃三焦之气壅滞，有升无降，津液皆化为痰饮，不能下滋肠腑，非血燥也。润剂留滞，硝黄徒入血分，不能通气，俱化为痰阻，故无效也”，遂用牵牛末、皂荚丸，让病人服下，即刻通利。之后，病人稍觉便秘，即用此法，屡试皆效，且再不碍饮食（李今庸《湖北医学史》）。

蕲州楚宗室富顺王朱厚焜宠妾生子，要废嫡子。嫡子患病，延请李时珍为其诊治。李时珍进药时，特立方名“附子和气汤”，语意双关。朱厚焜见方即悟其示意。武昌楚王府恭王朱英俭，闻知李时珍医术精妙，医德高尚，特聘为奉祠正，兼掌良医所事。李时珍任职期间，恰遇楚世子暴厥。李时珍以其精妙医术，令其起死回生。王妃感激不尽，亲送金银衣帛，李时珍力辞不受。后楚王念其德高术精，特举荐于朝。李时珍任职太医院，不久即辞归故里。两次就职，任期虽不长，李时珍惜此机会，阅览大量官藏图书，为日后著述，积累学养，开阔眼界，可谓奠其鸿基。

李时珍多年临证用药中，发现古《本草》一书，自汉、梁、唐、宋以来，其各家注解，早已陈旧，且其中舛谬、差讹、遗漏之处，不可枚数。给医家临证用药，带来诸多不便（王世贞《本草纲目》原序）。遂决定重修《本草》，定其纲目，以供医家之用。

李时珍返回故里，昼则行医乡里，治病救人；夜则集中精力，专心著述。每日“以日出入为期，夜即端坐”，老而不倦，勤奋著述。“岁历三十稔，书考八百余家，稿凡三易。复者芟之，缺者缉之，讹者绳之。”（《本草纲目》原序）“功始成就”（顾景星《李时珍传》），著成《本草纲目》。造福生民，其功巨也。

李时珍尚精通脉学，著有《濒湖脉学》（亦载《濒湖脉诀》）《奇经八脉考》《脉诀考证》诸著，其脉学成就，可谓继王叔和脉学之后，又一丰碑也。此外，尚著有《濒湖医案》《濒湖集简方》《命门考》《命门三焦客难》《五脏图论》及《白花蛇传》，惜多散佚。李时珍亦精于诗文，据载，著有《薖所馆诗话》诸集，惜皆散佚。

李时珍有门徒庞宪、瞿九思二人。一传其医学，一传其理学与文学。皆有成就。庞宪，号鹿门，蕲州人。《湖广通志·庞鹿门传》载："鹿门为蕲州人，幼从李时珍学，尝助濒湖作本草纲目，传其医学。""能通五经通鉴大义，熟素问、灵枢，明运气之理数，用药多奇中，袁中郎题'医隐'二字榜其门。"可见，庞鹿门，洵李时珍医学之传人。

李时珍娶妻吴氏，生有四子一女。长子建中，字龙源，性至孝。12 岁补诸生。嘉靖四十三年甲子（1564）中举，先任河南光山县教谕。万历三年乙亥（1575）任四川蓬溪知县，为官清廉。万历十三年乙酉（1585）后擢升云南永昌府通判。后因双亲年迈，辞官归隐，赠中宪大夫。次子建元，少为诸生（黄州府儒学生员），乡试不第，从父业医，有医名。季子建方，志载"少补诸生，继父业，医名播遐迩，中年入选太医院医生"。幼子建木，字泰阶。"少为名诸生（蕲州儒学员），性淡泊，耽书史。"四子皆有名于时。女，嫁黄州胡姓医生。生子，名慎庵，为一方名医。据考，李时珍七代子孙，非医即儒，皆有名望于蕲州城。

李时珍著《本草纲目》时，其四子皆各尽其能，竭力以助。《本草纲目》面世，亦皆倾其力，终使巨著得以传世。唯其遗憾者，李时珍得知巨著付梓于金陵（今南京）后，不久辞世，巨著面世时，竟未亲见。

李时珍撰《本草纲目》，倾平生之力，集古代药物之大成，岁历三十载，完成巨著，可谓"是中国古代药物学发展的巅峰之作"（梁永宣《中国医学史》、钱远铭《李时珍史实考》）。其诸多创见，超越前人。其卓越成就，无论国内国外，皆影响深远。

其一，集 16 世纪前药物之大成。该著以南宋唐慎微

《经史证类备急本草》为蓝本，搜罗药物“不厌详细”，参考“八百余家”文献，总结前人经验，系统整理文献，精心编纂。李时珍尚跋山涉水，实地考察，亲自采访，细心查考，足迹遍及湖北、河北、河南、江西、安徽，凡药农、野老、樵夫、猎人、渔民，皆躬身请教，以补充大量药物资料。全书52卷，约190万字，载药1892种（据刘衡如、刘永山校注本《本草纲目》，全书载药为1897种），附药图1122幅，药方11096首。基于《经史证类备急本草》1518种药物之上，新增药374种药物。其中，包括从亚欧非诸国及地区传入药物，并纠正以往本草学中诸多错误。是著系统总结16世纪以前中华药物记载，堪称集明以前本草之大成者（吴鸿洲《中国医学史》、钱远铭《李时珍史实考》）。

其二，创立先进药物分类法。李时珍创立药物分类法，之所以在当时最为先进，是因其分类法具有两大优点：一者，依“从微至巨”“从贱至贵”原则，即从无机到有机、从低等到高等，基本符合进化论观点，实为当时世界最先进分类法。其分类体系，堪称古代最为先进药物分类体系。二者，采用“物以类从，目随纲举”原则（《本草纲目·卷一》），所载药物，皆依自然属性归纳，分为“水、火、土、金石、草、谷、菜、果、木、服器、虫、鳞、介、禽、兽、人”共16部，以此部为纲，下属60类目，纲举目张，极为清晰。各种药物，皆依其性质归类，寻找查阅，方便快捷。因此，李时珍选用“纲目”二字，以纲辖目，条理清晰，并作为书名，明其要旨。

李时珍采用“纲目”二字，以巨著内容言之，更有特殊用意。一者，“以一十六部为纲，六十类为目，各以类从”。

二者，“标名为纲，列事为目”，即“每药标一总名，正大纲也。大书气味、主治，正小纲也。分注释名、集解、发明，详其目也”。三者，同一药物，因其不同部分均可供以药用，则以此药总体为纲，各部为目，“如标龙为纲，而齿、角、骨、脑、胎、涎皆列为目；标粱为纲，而赤、黄粱米皆列为目之类”（《本草纲目·凡例》）。因此，是书分类，确臻于纲目清晰（甄志亚《中国医学史》）。李时珍所创药物分类法，较瑞典植物学家林奈生物分类法，早二百年。

其三，科学论述药物知识。《本草纲目》记述药物，包括名称、产地、品种、形态、修治、性味、功效、主治。为记述准确详细，采用校正、释名、集解、正误、修治、气味、主治、发明、附录、附方诸体例。每味药物，均详细考证，分条阐述。书中引经据典，涉及药物历史形态、效能、方剂，皆叙述甚详。修治一项，既载入前人与当时药物炮制经验，尚载有李时珍独特见解。所述经验，至今仍是学习炮制重要资料。发明一项，尤为可贵，集中记述李时珍有关药物观察、研究及实际应用中新发现、新经验、新见解，着力探讨药性、疗效及用药要求。李时珍治学严谨，实事求是，不迷信古人，敢述前人未到之处。书中每种药物之下，几乎皆列“正误”一项，即便经典，只要发现错误，必予指出。书中所载药物品种考订，议论精详。前人诸多错误观点，均给予纠正。所载实为两药而混为一物，或本为一物却误为两药者，皆逐一校订、修正。且多言之有理，持之有故。

其四，纠正诸多谬妄。昔载有服食水银、雄黄、金石可以成仙之说，李时珍均给予严厉批驳：“血肉之躯，水谷为赖，何能堪此金石重坠之物、久在胃肠乎。求仙而丧生，可谓愚也矣。”即便《神农本草经》以及包括炼丹家葛洪在内，提倡服石、追求长生不死观念，李时珍仍直言批评。如“水银”条下，李时珍说：“大明言其无毒，《本经》言其久服成仙，甄权言其还丹元母，《抱朴子》以为长生之药。六朝以下贪生者服食，至成废笃而丧厥躯，不知若干人矣。方士固不足道，本草其可妄言哉！”（《本草纲目·卷九》）尚如“草子可以变鱼”一说，纯属妄说，李时珍均先给予说明，再加以更正。李时珍治学严谨、坚持真理，其可贵精神，堪为杏林楷模，尤值后辈学习。

其五，丰富世界科学宝库。《本草纲目》所载自然科学资料，翔实而浩博。涉及自然科学之富，诸如人体生理、病理、疾病、卫生预防以及与药物形态、生态环境内外密切相关者，无所不至；涉及范围领域之广，诸如植物学、动物学、矿物学、物理学、农学以及天文学、气象学，无所不及。同时，尚涉及人文科学之丰，诸如民俗学、文字学、文学。其中，李时珍载其著名观点：肯定“脑为元神之府”，尤为后人重视。言大脑与人之精神思维及中枢神经，具有重要作用。此于后世出现“脑”学说，显然具有积极影响。正因如此，《本草纲目》为世誉之百科全书式巨著。

其六，保存巨量医药文献。《本草纲目》辑录大量16世纪以前医药文献，许多难得古代文献资料，幸得保留。其中不少书籍，今已无法看到，《本草纲目》皆予以收载，使之得以窥见佚书资料。

其七，保存珍贵民俗学史料。中华民族是多民族大国，各民族均有各自历史传统与发明创造，各地均有其特征民俗。李时珍足迹天下，勤于观察，留心记录，收集丰富，并择其要者保存《本草纲目》中。如《本草纲目·卷五十》载：蒙古族，裹于牛腹、浸于热血中，用以治外伤之法；古契丹族民俗，用羊皮、羊骨占卜与写字。《本草纲目·卷十五》尚载：吐蕃人习俗，用“燕脂”化妆。书中对涂搽“燕脂”，记载详细：“燕脂有四种，一种以红蓝花汁染胡粉而成，乃苏鹗《演义》所谓燕叶似蓟，花似蒲，出西方，中国谓之红蓝，以染粉为妇人面色者也；一种山燕脂花汁染粉而成，用段公路《北户录》所谓端州山间有花丛生，叶类蓝，正月开花似蓼，土人采含苞者为燕脂粉，亦可染帛，如红蓝者也；一种以山榴花汁作成者，郑虔《胡本草》中载之；一种以紫矿染绵而成者，谓之胡燕脂，李珣《南海药谱》载之，今南人多用紫矿燕脂，俗呼紫梗是也。”（甄志亚《中国医学史》）

其八，提供文字学考证资料。《本草纲目》所载各种药名，李时珍能溯其历史源流，考其来龙去脉；许多汉字，李时珍亦溯其历史演变，阐其字形、读音与含义。同时，还论述诸多少数民族与其他国家药名读音与含义。许多珍贵文字资料，李时珍收而保存，于今尤为难得（甄志亚《中国医学史》）。

《本草纲目》约万历二十一年癸巳（1593），由胡承龙首刊刻于金陵（今江苏南京）。世称“金陵胡承龙本”，简称“金陵本”。此本，初刻于明代万历十八年（1590），刻成于万历二十一癸巳（1593），前后约四年之久。此后屡经再版，广泛流传，于中医药学产生影响，极为深远。唯因该书卷帙浩繁，其后，不少药物著作，以其为蓝本，进行补遗、节要、改编，使之方便实用。《本草纲目》先后流传朝鲜、日本、越南、印度诸国，先后全译或节译成日本、朝鲜、拉丁、英、法、德多种文字，在许多国家、地区，均产生巨大影响。李时珍著作及其学术思想，受到中外学者高度重视，成为杰出科学家，为世界所公认。流传东方，《本草纲目》尊为药物宝典；传入西方，《本草纲目》奉为博物学百科全书。英国博物学家、进化论奠基者达尔文（Charles Robert Darwin，1809~1882），在所著《物种起源》（1859）《动物和植物在家养下的变异》（1868）及《人类起源及性的选择》（1871）三部名著中，曾数次引用《本草纲目》资料，并对《本草纲目》给予高度评价。达尔文所引某些资料，虽未直接写明取之于《本草纲目》，其记述却得之于《古代中国百科全书》。所提《古代中国百科全书》，实即《本草纲目》。已有学人将所引资料，同《本草纲目》有关记载，逐一对照，并已得证明。著名英国科技史家李约瑟博士，在其《中国科学技术史》巨著中评介说："无疑地，明朝最伟大的科学成就，就是李时珍那部登峰造极的《本草纲目》。""李时珍在和伽利略——凡萨利乌斯的科学运动完全隔离的情况下能在科学上获得如此光辉的成就，这对任何人来说，都是难能可贵的。"（钱远铭《李时珍史实考》）

附录：李时珍其他著述

1. 《五脏图论》，李时珍著，见《白茅堂集》。已佚。

2. 《命门三焦客难》，李时珍著，见民国十年（1921）《湖北通志》卷八十二《艺文志·子部·医家类》载。已佚。

3. 《命门考》，李时珍著，见民国十年（1921）《湖北通志》卷八十二《艺文志·子部·医家类》载。已佚。

4.《天傀论》，李时珍著，见《中医图书联合目录》。已佚。

5.《奇经八脉考》一卷，李时珍著，见光绪十年（1921）重校《蕲州志》卷三十《著述志·子部》。《四库全书总目提要》云："其书谓人身经脉，有正有奇，手三阴三阳，足三阴三阳，为十二正经。阴维、阳维、阴跷、阳跷、冲、任、督、带为八奇经。正经人所共知，奇经人所易忽。故特详其病源治法并参考诸家之说，荟萃成编。"《奇经八脉考》约计15000字。

6.《本草纲目图》残存八至十二卷，附《本草图翼》残存一至四卷，李时珍著，见《中医图书联合目录》。

7.《濒湖集简方》，李时珍著，见光绪十年（1884）重校《蕲州志》卷之十《著述志·子部》。已佚。

8.《濒湖医案》，李时珍著，见光绪十年（1884）《黄州府志》卷三十四《艺文志·子部四·医家类》。

清

武穴

清 杨际泰 武穴

治毒专家杨际泰

题记 鸦片之毒，入我中华毒害之深，国人睹之，有正义之勇者，怒而抗之如林则徐者；而医家以一己之微，倾平生之力，为免国人受鸦片之苦，探其吸食毒性之害，寻其治毒戒毒之方，殚精竭虑，著书立说，奉于杏林，以醒国人之昧，以救国人之难，自己却为穷困所迫，著述新镌受限，医术几近失传，虽为医者，救人无数，而亲人却痛而失治。斯何其痛也，而世竟少人而知。此何人者？开治毒戒毒之先河，中华医药史开山第一人杨际泰也。

杨际泰（1780～1850），字平阶，谱名杨士英。清广济县（今武穴市）人。生于清乾隆四十五年庚子十一月二十二日，逝于道光三十年庚戌。是清中叶湖北蕲水（今浠水县）、广济、黄梅一带名医。

父杨少山，《广济县志》载，为清乾、道（1736～1850）年间名医。杨氏有四子，际泰为幼子。得际泰时，杨氏已近年迈。晚年得子，更视为掌上明珠。

杨际泰幼年，本无心于医。初习儒业，攻四书五经，专心致志，以图一朝中举，能光宗耀祖。县志载，杨际泰记忆超群，凡读经书，多熟记于心，亦复诵于口，时方圆百余里，闻其名者，无不敬重。杨际泰 20 岁前，曾两赴黄州应试，均无名于榜。20 岁时，复起应考之念，然因家境窘迫，无力支持，四处求亲乞友，筹集考费，不幸为一富家恶犬咬伤。伤口初愈，然考期已过。杨际泰深感家境困迫，无力支付高额考费，纵有满腹经纶，亦难入仕途。遂决然弃儒，继承父业，悬壶为医。

杨际泰一入医门，因其学养深厚，且勤奋不倦，日随父诊，夜研医书，仅历九载，医术大进。其间救治患者无数，诸多诊疗事迹，令闻者无不感动，医名亦渐远扬。

杨际泰虽未入仕，然儒家“达则兼济天下”之训，仍存之于心。医者仁心，医术乃仁术。杨际泰素怀救死扶伤之心，立有匡世济民之志。其忧国忧民之情，使之更用心精研医术。其时，英国侵略者利用鸦片侵害中国，杨际泰目睹受害之深，凡吸食者，皆病骨如柴，人性尽失，以致家破人亡，令人惨不忍睹。因此，为诊治鸦片之毒，不顾旅途艰辛，曾亲赴武汉英国领事馆附近，详细探究鸦片毒瘾患者吸毒工具、吸毒方法，细心观察吸毒者发瘾时各种症状。为探索诊治方法，研究治疗药方，总结诊疗治则，又带爱徒，亲赴广东、云南、福建数省，细心察访吸食鸦片者各种详情，四处求教诊治戒毒脱瘾方法。历尽艰辛，反复研究、试验，终确定处方 6 个，并据不同瘾发症状，又配制加减配伍辅助处方 7 个。同时，尚采用针刺、灸熏、按摩诸种方法，施以综合治疗。

杨际泰倾平生之力，研究诊治鸦片之毒，为挽救国人惨受其害，提供系统治疗方法及可靠药方，总结诊治经验，奉于杏林，实开祖国医学治毒戒毒之先河。其贡献之大，于中华医史，当是开山第一人。因此，留下“北有杨际泰，南有林则徐”口碑。与此同时，杨际泰为唤起民众觉醒，特意编写《告乡民书》一书，宣讲鸦片，于人于世，毒害之深，戕害之大，灾害之广，谆谆劝戒世人，定要警醒。其爱国爱民之心，忧国忧民之情，可歌可泣。

杨际泰虽为名医，然其生平事迹，虽于湖北蕲春、广济、黄梅一带民间流传甚广，然于方志史籍中，记载甚少。现从仅存资料及墓志碑文中得知，杨际泰娶妻三房，原配周氏，年 30 未孕，无子。次娶张氏，生一女，名凤先，两岁不幸病折。后娶陈氏，意欲承继杨氏家嗣，然亦未能得子。际泰赴武汉探究诊治鸦片毒瘾时，陈氏居家身患重病，待杨际泰归来，已无力医治。一代名医，一生救死扶伤无数，竟未能亲手治愈亲人，致使留下终生遗憾。

杨际泰临证 50 余年，悉心体验，细心揣摩，积有丰富临证经验，留下大量医学心得。为使平生积累临证经验，不致失传，至晚年呕心沥血，历数年之力，著成《医学述要》，共分 36 卷，20 部，126 门，3406 证，321 法（非药物疗法）。同时，收载包括膏、丹、丸、散、汤诸传统剂型，共 2100 余药方。此书于道光十九年己亥（1839）付梓刊行。因此书卷帙浩繁，且由“亲友助资新镌”，其印数甚少，据传仅镌九套，故传播范围，极其有限。

此书卷首，即述“医家四诊”，强调四诊合参之重要，指出四诊之中，“望而知之谓神，是以目察五色也；闻而知之谓之圣，是以识五音也；问而知之谓之工，是以言察五病也；切而知之谓之巧，是以指别五脉也。四者缺一不可。”四诊各有所专，亦各有所长。于“医学八法”篇首，逐一论述，提出：“论病之源，以内伤外感四字括之。论病之情，则以寒热虚实、表里阴阳八字统之。论病之要，以望闻问切四字贯之。治病之方，则以汗和下消、吐清温补八法尽之。盖一法之中，八法备焉；八法之中，百法备焉。病变虽多，法归于一。”于四诊、八法之后，杨际泰对痈疽疡毒疮疖诸外科疾病之病因病机，均详细阐述。同时，尚逐一论述内消、内托、针灸、围洗诸种治法。此于医家临证，辨证有据，处方有法，医治有术，尤切实际。

其著虽未引起广泛影响，然其显著特点，尤需引人关注：其一，结合前贤众多见解，汇集其父毕生临证经验，亦有作者 50 余年临证心得及其独特见解，使前贤诸多治法，得以不断发展。其医理畅明，说理熨帖，治法灵活，方药众多，尤益于医学入门者，堪为中医入径要书。只因其时，杨氏为穷困所迫，筹措“新镌”受限，以致传播甚窄，医家入门难求，且至今几近失传，甚为杏林憾事！其二，从理论至临证，内容丰富，涉及四诊、八纲、八法、藏象、伤寒、温病、瘟疫、内科杂病、外科、妇儿、五官诸科，使之更具临证实用价值。其三，于瘟疫一门，综合诸家之长，而尤尊清温病学家杨栗山。栗山学说，源于金代寒凉派刘完素、明代温病学家吴又可。杨际泰积平生临证经验，于其著作之中，有关“伤寒”者，专立瘟疫论及春温论章节，详细阐述。虽继前贤学术精华，亦有所发展。其四，保存大量民间单方验法，为后人临证积累，可供借鉴。其五，书中尤为注重健身防病。这一预防思想，虽源于先贤“治未病不治已病”之旨，然亦尤为可贵。

黄 州

清 杨守敬

黄州

中医文献大家杨守敬

题记 学林巨擘杨守敬[①]，自幼勤奋好学，却因家穷辍学，仍痴迷读书，经史、舆地、金石、书法、泉币、碑版目录，无不涉猎。其学问精博，成就卓著，时称当与王念孙、段玉裁之朴学、李善兰之算学并肩，堪为千古绝业。然初入府试，五门第一；七次会试，竟未见榜。可见清之科举，时已趋于颓废。据载，杨守敬一生著述达83种之浩富，以历史地理学家、金石文字学家、版本目录学家、方志学家、书法家与藏书家著称于世，而于中医文献之杰出贡献，却鲜为人知。

杨守敬（1839~1915），谱名开科、榜名恺，更名守敬，字鹏云，号惺吾，晚号邻苏老人。清末荆州府宜都县陆城（今湖北宜都市陆城镇）人。祖惟一[②]，字诚斋，“为人勤谨

---

① 杨守敬：生于清道光十九年己亥四月十五日（1839年5月27日），民国四年甲寅十一月二十四日（1915年1月9日），逝于北京。

② 杨惟一（1786~1868）：字诚斋。杨守敬祖父。生于乾隆五十一年丙午七月十一日，逝于同治七年戊辰。

恭让，深厚精明”（杨世灿《杨守敬学术年谱》）。祖母万氏[①]。父有纯[②]，字粹然，青年丧偶（原配王氏），续配黎氏[③]，婚后夫妻恩爱，以经商为乐。守敬出生时，祖闻得孙，依宜都习俗，孙名祖取，遂取名杨开科，冀有朝一日，科名进取，光耀门庭。然守敬至4岁，父病而猝逝。5岁始由母启蒙，教字习诗。8岁从覃先生读。9岁从谢先生读。数载后，借用“阅古宗文举，临风怀谢公”，为离世谢先生，书联敬挽。10岁因家贫辍学而习商，日站柜台，晚自学至深夜，常令慈母心忧。咸丰五年乙卯（1855），守敬17岁，祖父令与李氏完婚，结为伉俪。岳父李宗元（一载李宗允），为岁贡生。清咸丰七年丁巳（1857），守敬19岁，得岳父力劝，祖允复学，拜朱景云[④]为师。得朱先生严教，是年参加府试，“五场皆第一名”。同治元年壬戌（1862）乡试，名列第80名举人，时24岁。此后，至光绪十二年丙戌（1886），先后七次赴京会试，终因时运不济，皆未中榜。“自是绝意科名，专心著述”，时48岁。同治四年乙丑（1865），考取（北京）景山官学，为汉文教习，时27岁。

---

① 万氏（1790~1875）：杨守敬祖母。生于乾隆五十五年庚戌十月初二，逝于光绪元年乙亥四月初十。

② 杨有纯（1816~1842）：字粹然。杨守敬生父。生于嘉庆二十一年丙子六月十九日，逝于道光二十二年壬寅十一月十八日。经商为业。

③ 黎氏（1819~1895）：杨守敬生母。生于嘉庆二十四年己卯四月二十四日。光绪二十一年乙未七月，病逝于黄州。是年岁末，归葬故里宜都陆城姚家店区花庙乡龙窝村头。

④ 朱景云：字槐卿，湖北江陵县人。岁贡生。杨世灿《杨守敬学术年谱》载：“生而岐嶷，弱冠即有声庠序间，尤工书法。荆州程知府深器之，招为幕从。”

同治五年丙寅（1866），专心金石研究。次年，著《激素飞清阁评碑记》，自序中提出："金石之学，以考证文字为上，玩其书法次之。顾淹雅之士，未暇论及点画，而染翰之家，又或专注《集帖》，不复上窥汉魏。"可谓真知灼见。同治十三年甲戌（1874），考取国史馆誊录。

光绪五年己卯（1879），据杨世灿《杨守敬学术年谱》载："是年除夕日，杨守敬收到清廷出使日本大臣何子峨[①]钦使信，聘杨守敬为清驻日随员。杨守敬当即复信待明年会试后赴之。"光绪六年庚辰（1880），三月会试，杨守敬试卷，虽有时艺名家，见而大加激赏，曰："名下无虚士，不意时文亦精能如此！"然仍未中。是年四月，杨守敬携眷由天津至上海暂居。其间，因精于历史地理，亦工于书法。或设帐授徒，或收集金石，或撰文刻书，或经理商务。至是年初夏，应驻日使节之请，为使馆随员，渡海，出使日本。至，使臣旋换，接任者为许景澄。然未及履任，以父丧回籍。遂以出使英国参赞黎庶昌[②]充任日本钦使。不久，清著名外交家黎庶昌，接替何如璋为驻日公使，杨守敬复为随员。光绪七年辛巳（1881），杨守敬初至日本时，使馆参赞

---

① 何子峨：即何如璋（1838~1891）：字子峨，号璞山。广东潮州府大埔县（今梅州市大埔县）湖寮镇双坑村人。与丘逢甲、黄遵宪、丁日昌，并称"岭东四先生"。早期外交家。中日两国正式邦交开创者，第一任驻日公使。光绪八年壬午（1882）六月任满归国。撰有《使东述略》《管子析疑》36卷。

② 黎庶昌（1837~1897）：字莼斋（一载纯斋），自署黔男子。贵州遵义县东乡人。晚清外交家、散文家。

黄公度[①]告之：中国珍本古籍、唐抄宋刻，常见于日本市面，宜留意搜集。遂有杨守敬之后“日本访书”之举。是年二月，杨守敬即写成《日本访书缘起条例》，公使黎庶昌见之，感而遂有刻《古逸丛书》之志。

光绪九年癸未（1883），据《杨守敬学术年谱》载：“部选杨守敬为黄冈县教谕。驻日本黎庶昌公使以公文咨鄂督涂宗瀛[②]告之杨守敬在日本有经手事情一时不能回国，教谕一职请委人代署。”“是年，杨守敬仍经理刻书事。”黎庶昌素有搜集古籍文物之好。因得知杨守敬旅日访得国内失传诸多古书后，即委托杨守敬，以搜访古籍为基础，速刻《古逸丛书》，以便保存古籍。杨守敬得公使支持，更致力搜辑整理古籍。赴日时，曾带去汉、魏、六朝、隋、唐碑贴一万三千多册，随即利用带去碑贴，换回大量华夏古籍珍本。同时，中华书法艺术，亦广传于日。守敬亦因此而誉为“近代日本书道之父”。杨守敬驻日期间，适值日本明治维新之际，提倡新学，摒弃旧学，古典汉籍，视作落后象征，随意抛掷。日人将古医书贱价售卖，书肆于旧书，亦不珍重。杨守敬则得以见到许多善本秘籍，皆国内早已不见文物，遂竭立购买。正如杨守敬于《日本访书缘起条例》所述：“余之初

---

① 黄公度：即黄遵宪（1848~1905），字公度，别号人境庐主人。广东嘉应州（今广东梅州市梅城东区下市角）人。清末爱国诗人、外交家。清光绪三年丁丑（1877）十月，应邀任参赞，随何如璋出使日本。

② 涂宗瀛（1812~1894）：号朗轩。安徽六安东河口花石嘴村人。为官20余年。有政声。光绪三年丁丑（1877），任广西巡抚，旋改任河南巡抚，七年调任湖南巡抚，后升任湖广总督。妻沈氏，乡传颇贤良，常以私银，救助穷困。

来也，书肆于旧版尚不甚珍重，及余购求不已，其国之好事者，遂于往往出重值而争之。于是旧本日稀，书估得一嘉靖本，亦视为秘笈，而余力竭矣。然以余一人好尚之笃，使彼国已弃之肉，复登于俎，自今以往，谅不至拉杂而摧烧之矣；则彼视之为奇货，固余所厚望也（近日则闻什袭藏之，不以售外人矣）。”（杨世灿《杨守敬学术年谱》）若干年后，日人觉悟，极为懊悔，却无奈何。此间，杨守敬认识日本友人森立之。彼既是医生，亦是藏书家。杨守敬在森立之处，看到森立之摹写善本书影数册，爱不释手。森立之见杨守敬如此宝爱，慨然相赠。杨守敬从中获得启发，补以于日访得宋元秘本样张，随后刻版行世，名曰《留真谱》。此举，实开古籍版本学书影先河。森立之又送杨守敬《经籍访古志》。杨守敬即依此书，按目访问，尤为便利。此外，杨守敬得森立之引荐，与不少日本藏书家，结为友好，如向山黄村、岛田重礼。因友人特殊关系，杨守敬见到更多古书，并尽力收购。同时，经友人推荐，从其他藏书家手中，借到不少秘籍，即加以影抄，或详记版本模式，凡经亲购古书，皆“考其原委别纸记之”。而尚有古书，只能借阅，无法购买，则印成《留真谱》，为后人留下搜求原书线索。一年间，竟购求古书三万余卷。光绪八年至十年（1882~1884），杨守敬协助黎庶昌刻成《古逸丛书》，收书26种，计200卷，多为国内久佚宋刊本及日本旧钞卷子本，其影刻精良，不亚于宋刊本。此丛书，后刊行国内，流传甚广，影响深远。

光绪十年甲申（1884），杨守敬尽载驻日访得之书回国。其时，杨守敬由黄冈县教谕，调黄州府教授，充任两湖书院地理教习及勤成学堂、存古学堂总教长。光绪十四年戊子

（1888），杨守敬在湖北黄州（今黄冈市黄州区）东坡赤壁，倾资筑园藏书，尚租屋10数间。因与当年苏东坡于赤壁“雪堂”相邻，遂将藏书楼名“邻苏园”，汪辟疆[①]《杨守敬传》称杨守敬“官舍与东坡雪堂邻，自号邻苏”，以其与苏东坡旧居相邻故也。光绪十六年庚寅（1890），成都杨寿昌出任黄冈县知县，委杨守敬遴选苏轼法帖，请石工刘宝臣手摹上石，刻成碑石126块，于县署西侧辟“景苏园”，取景仰苏轼之意，将苏书石刻镶嵌于四壁，名《景苏园帖》。今镶于东坡赤壁碑阁四壁。

任职黄州期间，杨守敬将于日本搜购、影钞古籍书目提要手稿，整理成《日本访书志》十六卷。同时，继续搜集整理古籍。

光绪二十五年己亥（1899），杨守敬受湖广总督张之洞[②]之聘，任两湖书院（两湖指湖北、湖南。院址在今湖北武昌）地理教习。光绪二十八年壬寅（1902），调任勤成学堂总教长。是年九月，买菊湾旧屋，稍加修葺，移居于此。光绪二十九年癸卯（1903），朝廷开经济特科，总督张之洞、

---

① 汪辟疆（1887～1966）：名国垣，号辟疆，晚号方湖。江西彭泽人。民国元年壬子（1912）毕业于北京京师大学堂。曾任国史馆纂修。专于经学、文学、目录学。著有《汪辟疆文集》，上海古籍出版社，1988年。

② 张之洞（1837～1909）：字孝达，号香涛，晚号抱冰。祖籍直隶南皮（今河北沧州南皮县），出生于贵州义府（今安龙县）。晚清名臣。清洋务派代表人物。兴办新式教育，曾创办自强学堂（今武汉大学前身）、三江师范学堂（今南京大学前身）、湖北农务学堂、湖北武昌蒙学院、湖北工艺学堂、慈恩学堂（南皮县第一中学）。

巡抚端方[1]合词保奏名列第一，称杨守敬“老成夙望，博览群书，致力舆地学数十年。于列朝沿革、险要洽熟精详。著书满家，卓然可传于世”（杨世灿《杨守敬学术年谱》）。是年刻《壬癸金石跋》成。杨守敬碑学享有“屹为海内南北两大家”之誉（北为李葆恂）。巡抚端方尤重之。端方亦喜搜求金石文字，“非经守敬与义州李葆恂审定，则不敢信。”（陈衍《杨守敬传》）是年，杨守敬于武昌菊湾修成观海堂书楼，遂移书武昌，自称藏书数十万卷。

光绪三十二年丙午（1906）五月，选授安徽霍山县知县，杨守敬以“年老不耐簿书”辞之而未赴任。光绪三十三年丁未（1907），由礼部侍郎陈宝琛咨举杨守敬为礼部顾问官。任此官衔者，湖北二人：一柯逢时，一杨守敬。宣统二年庚戌（1910），兼聘为湖北通志局纂修。辛亥革命（1911）避居上海虹口。民国（1912）成立，仍居于沪。因《水经注疏》，虽已成书稿，尚待校订，须参考诸书，嘱家人返武昌取稿，并嘱将所藏图籍，一切运沪。据熊会贞载：杨守敬“每一卷成，犹恐有误，当夜静置灯榻畔，在床执卷，再三审订，或通宵不寐”。民国三年甲寅（1914），杨守敬自沪至京，聘为清史馆名誉纂修。杨守敬致信清史馆总裁赵尔巽[2]荐门人熊会贞襄助馆事。寓西城南魏儿胡同。在沪藏

① 托忒克·端方（1861~1911）：字午桥，号匋斋。满洲正白旗人。清末大臣。金石学家。官至直隶总督、北洋大臣。

② 赵尔巽（1844~1927）：字公镶，号次珊，又名次山，亦号无补。清末汉军正蓝旗人。奉天铁岭（今辽宁铁岭市）人。祖籍山东蓬莱。民国成立，任奉天都督，旋辞职。民国三年甲寅（1914），任清史馆总裁，主编《清史稿》。

书，次第运京。运费皆由政府资之。是年十二月，门人熊会贞至京，与杨守敬相依。民国四年乙卯十一月二十四日（1915 年 1 月 9 日），杨守敬居京“无疾而逝”（据《邻苏老人年谱》熊会贞 1915 年 1 月 26 日记）。

史上，杨守敬闻名于世者，是以历史地理学家、金石文字学家、版本目录学家、方志学家、书法家与藏书家而著称。其学问精博，当与王念孙①、段玉裁②之朴学，李善兰③之算学并肩，时巨儒罗振玉④称为当朝“三大绝学”。一生著述达 83 种之多，誉为“晚清民初学者第一人”。代表作《水经注疏》，堪称郦学丰碑。杨守敬平生虽未从事医学研究，然因其学养精深，热心搜集、整理、校刻古医书，尤其出使日本期间，购回大量古中医书，且多为珍善本。其中，不少版本，国内早已失传，多为孤本。杨氏独具慧眼，倾其财力，竭力抢救，方得以存传至今。论其古中医书整理成就，其卓越功绩，与史上王叔和、王冰、林亿诸医家相比，难分伯仲。其卓越贡献，谓之有三。

其一，竭力搜集珍贵版本，皆因黎民生命所系。杨氏藏

---

① 王念孙（1744～1832）：字怀祖，自号石臞（一载石渠）。江苏高邮人。清代语言学家。与其子王引之，并称“高邮二王”。

② 段玉裁（1735～1815）：字若膺，号懋堂（亦名茂堂），晚号砚北居士、长塘湖居士、侨吴老人。江苏金坛人。龚自珍外祖。曾师侍戴震。清代文字训诂学家、经学家。

③ 李善兰（1811～1882）：原名心兰，字竟芳，号秋纫，别号壬叔。浙江海宁人。近代数学家、天文学家、植物学家。

④ 罗振玉（1866～1940）：字叔蕴、叔言、式如，号雪堂。晚号贞松老人、松翁。祖籍浙江上虞县永丰乡。出生于江苏淮安市淮安区。近代农学家、教育家、考古学家、金石学家、目录学家、校勘学家、古文字学家。

书多达数十万卷。其藏书，虽有来自国内，而大部分图书，则购买或影钞于日本。其中，古中医书比例最大。杨氏曾说："余初游日本，访求古书，于医方尤夥（多）。"1977年，台北故宫博物院图书馆编《宋本图录》，收载杨氏自日本购回十种珍本书中，即有宋刻影钞配本《严氏济生方》10卷，乃为海内孤本，极为珍贵。杨氏深谙目录版本学，尤精于版本鉴定，选购书籍时，又经严格取舍，故杨守敬购回古代医籍，多为罕见珍本，学术价值极高。如初唐杨上善《黄帝内经太素》23卷、《黄帝明堂》1卷（卷子本）、《千金翼方》30卷（校元本，日本文政己酉从元刊摹刻本）、《神农本草经》5卷（日本森立之辑本）、《经史证类大观本草》31卷（元刻本）、《伤寒论》10卷（影北宋本）、《脉经》10卷（宋嘉定何氏本）、《脉经》10卷（影钞元刊本）、《针灸甲乙经》12卷（正统丁巳重刊本）、葛仙翁（葛洪）《肘后备急方》8卷（明万历李拭刊本）、《诸病源候论》50卷（影南宋本）、《诸病源候论》50卷，目录1卷（日本小岛学古据宋、元、日乐本合校）、《外台秘要方》40卷，目录1卷（影北宋本）、《太平圣惠方》100卷，目录1卷（旧钞本）、《妇人大全良方》24卷（旧钞本，影乐朝鲜活字刊本）、《钱氏小儿药证直诀》3卷（宋本）、《医方考》6卷（明刊本）。

其中《黄帝内经太素》《黄帝明堂》本，均为卷子本，极为珍贵。杨上善《黄帝内经太素》在《新、旧唐书》中皆有著录，北宋以后散佚，《宋史·艺文志》仅存3卷。宋代林亿校正医书时曾提及，然于元后，极少提及。杨守敬自日获此唐写卷子本、影钞而归。此书返回国土后，几经影印、排印，广为流传。迄今为止，国内研究校勘《内经》，是书极具参考价值。尚如《伤寒论》，系明代赵开美复刻宋本《伤寒论》，为现存最早版本。其他所获中医古书，大多是至今流传国内中医经典著作，均具极高学术价值。

杨氏每听友人言其有好书，必孜孜索求，千方百计购取。如唐代医学文献大家王焘《外台秘要方》40卷，乃集中唐以前医方之大成，研究中唐以前医学文献，列为参考书，必不可缺。杨守敬驻日时，知此书原本，藏于日本纪藩竹田氏。嘉永年间（当清道光时）影钞两部，一部藏枫山官库，一部藏医学。日明治初年，医学一部散出，杨守敬托一书商搜求。不久，果真将书送到，然索价甚贵。杨守敬知此书宋刊本，国内早已灭绝，后传本讹谬甚多，思之再三，竭其身财，以高价购回此书。杨守敬为搜求祖国医学文献古籍，其良苦用心，由此可知矣。

其二，专于研究整理，臻于精益求精。凡获古医籍有价值者，杨氏均逐一考究。其巨著《日本访书志》，为诸书所撰提要，内容丰富，各具重点。其范围之广，涉及作者、版本、卷第分合、内容品评诸多方面。因此，该书于目录版本学中，尤具代表性。《访书志》中，其获得每本海外遗书经过，均做详细记述。尤其便于后人了解原书流传，以定其可靠性。如在《黄帝内经太素》后记中曰："余又得影钞本十部，仍装为卷子，有锦小路印。按：锦小路为日本旧诸侯，藏书最富。在小岛学古之前。是此书影钞，不自学古始。"再如《杨氏家藏方》后记曰："宋杨倓撰，首有自序，又有殿木氏旧书印记"等。

杨氏收集古本旧刻，旨在从事科学研究方便，以备发现并解决系列疑难。此外，杨氏尚据丹波元胤编纂《医籍考》，编写《医籍考目录》一部，系兰格钞本，现藏重庆图书馆。由此可见，杨氏于医学典籍研究，尤为重视。

其三，情牵济世救民之心，毕生奉献不遗余力。杨氏收藏古医书，研究古医书，并非满足个人嗜好，而是情牵黎民，心忧危难，故一得珍善之本，尽快公之于世，以弘扬民族文化，振奋民族精神，救济黎民苦难。杨氏游于日本时，正逢《聿修堂医学丛书》版刻拍卖，即倾囊而购，带回国内，并于光绪十年甲申（1884）加序，以“飞青阁藏版”之名印行。此书印行之后，风行海内。其中大部分收入《皇汉医学丛书》中。如《素问识》《伤寒论辑义》《金匮要略辑义》诸书，多次印成单行本，广受社会欢迎。

杨守敬不辞劳苦，筹划刊刻付印，并将平生费尽周折所获秘本，毫无保留，奉于热心校刻医书同仁，以使散佚多年古籍秘本，及早面世，让众多读者受益。如杨上善曾获珍贵卷子本《黄帝内经太素》，同样无私奉出，公之于世。肖延平《校正内经太素杨注后序》曰：“光绪中叶，吾乡杨惺吾先生，始从日本获唐写卷子本影钞以归，存二十三卷。桐庐袁忠节公得其书，未加详校，即以付刊。”

清光绪（1875~1908）年间，武昌医学馆曾刊刻一批医书，如《大观本草》《本草衍义》。诸书即得杨守敬全力之助，方刻印成功。其时武昌医学馆，由柯逢时主持。柯氏热心校刻医书，与杨守敬过从甚密。杨、柯常互交流医书善本，共商影刻校补诸事。今湖北省博物馆藏有柯逢时寄给杨守敬书信六则。内容俱为二人商议如何刊刻出版医书。如书信之一，杨氏曰：“昨外出晚归，奉手示并校正各条，感佩万分。大序尤详明有法度，于《本草》源流，言之尤悉。”

信中所言《本草》，即为柯氏刻《经史证类大观本草》。此书乃杨守敬从日本购回。从信中可知，杨守敬曾为该书，校正文字，书写序言，尤于《本草》源流，研究甚为详悉。再如书信之四，附有一张柯氏亲笔开列收到杨守敬诸书书单，曰：

“手示并医籍六种照单收到。收到各书单，四月初七日：
景抄朝鲜活字本《仁斋直指方》六册。
景抄朝鲜活字本《妇人良方》九册，一箧。又十册。
明刊《仁斋直指》四种共七册，连前八册。
明刊《妇人良方补遗》残本叁册。
熊宗立《妇人良方补遗》五册。
初八日：补叶《医学真经》壹册。”

此外，书信之六，尚谈及请杨氏为《活幼心书》书写封题等事。柯氏曰：“惺吾老长兄鉴，昨奉赐函，感佩之至，《活幼心书》已刻成，敬求椽笔为书封题，以志光宠，随时交下，不必汲汲。《圣济》请再发十册分校，缘前十册尚须复校一次，故未能及时奉还也。”从信中看出，杨、柯二人志同道合，为医书刊刻发行，费尽心力。

概之，杨守敬一生，为保留、整理与传播中医文献，其贡献巨大，影响深远，为弘扬民族文化，倾注拳拳之心，至今仍令人由衷钦佩。其生平著述浩富，主要有《水经注疏》《历代舆地图》《水经注图》《隋书地理志考证》《汉书地理志补校》《辑古地志》《晦明轩稿》《寰宇贞石图》《日本访书志》《邻苏老人手书题跋》行世。

中篇　名医传略

宋

黄　州

宋 苏轼　黄州

苏轼（1037~1101），名长公，字子瞻，一字和仲。眉州眉山（今四川眉山）人，苏洵之子。宋嘉祐二年丁酉（1057）试礼部第二，殿试中乙科。“欧阳修以才识兼茂，荐之秘阁”。元丰二年己未（1079）八月，因“乌台诗案”遭陷害，逮捕下狱，十二月二十八日获释，“责授检校尚书、水部员外郎，充黄州团练副使，本州安置，不得签书公事。”元丰三年庚申（1080）正月下旬，苏轼过麻城万松亭，作诗并序，留下黄冈境内最早种树记录。二月一日到达黄州，寓居城南定惠院。五月底，其弟苏辙送其家眷至黄州，迁居临皋亭，“廪入既绝，人口不少，私甚忧之。”生活极其节俭，每月初一日取钱4500文，分为30股，挂于屋梁，日以画叉，挑下一份应用，尚需尽量节省，以待宾客。元丰四年辛酉（1081），黄州通判马正卿见苏轼一家生计艰难，特向州府求得黄州东门外东坡“故营地”50亩，苏轼率家人，开垦种植，“身耕妻蚕，聊以卒岁。”翌年正月，于东坡下废园建屋，大雪中落成，故自书其额为“雪堂”，自号东坡居士。

苏轼于黄州虽清苦如此，仍关心民间疾苦。初至黄州，得知黄、鄂一带，有溺婴旧习，深为痛之，立即上书鄂州太守朱寿昌，建议禁止；并自捐钱一千，加上募捐，在黄州创办育儿会，使其好友郭遘（兴宗）掌管出入。自此黄、鄂之地，溺婴旧习始改。

轼居黄州，葛衣芒鞋，与田父野老相从。苏轼自称“黄人”，作诗谓“便为齐安民，何必归故丘”。苏轼谪居黄州期间，适值黄州瘟疫流行，苏轼曾从友人巢谷得一圣散子方，即以斯方购药，施治黄州生民，救人无数。苏轼与蕲水（今浠水县）名医庞安时友善，知庞氏著《伤寒总病论》，遂将此方赠与庞氏，并特为斯方作《叙》[①] 以记之。

庞安时将此方列入《伤寒总病论·卷第四·时行寒疫论》中，并为之作注曰：“此方苏子瞻尚书所传，有序文。”

苏轼所赠药方为：肉豆蔻十个、木猪苓、石菖蒲、茯苓、高良姜、独活、柴胡、吴茱萸、附子（炮）、麻黄、厚朴（姜炙）、藁本、芍药、枳壳（麸炒）、白术、泽泻、藿香、吴术（蜀人谓苍术之白者为白术，盖茅术也，而谓今之白术为吴术）、防风、细辛、半夏（各半两，姜汁制）、甘草一两。

庞著所载苏轼所作《叙》为：“时疫流行，平旦辄煮一釜，不问老少良贱，各饮一大盏，则时气不入其门。平居无

① 叙：苏轼避祖名讳，故以“叙”字通“序”。苏序（973～1047），眉州人。少孤，顽皮，性善而不好读书，略知大意而已。及长，容貌英伟。为人疏达，自信慷慨，持之以谦，乐善好施，不求报答。晚乃为诗，能白道，敏捷立成，凡数十年得数千首，上自朝廷郡邑之事，下至乡闾子孙畋渔治生之意，皆见于诗。母宋氏，为人严厉。娶妻史氏，为人慈善宽厚。生育三子：苏澹、苏涣、苏洵。孙苏轼。

病，能空腹一服，则饮食快美，百疾不生，真济世卫家之宝也。其方不知所从来，而故人巢君谷世（巢谷在世时）宝之……余既得之，谪居黄州，连岁大疫，所全活至不可数。巢君初甚惜此方，指江水为盟，约不传人。余窃隘之，乃以传蕲水人庞君安常。庞以医闻于世，又善著书，故以授之。且使巢君之名与此方同不朽也。"

圣散子方，载于一代名医名著中，又因苏翁乃一代文豪，专为一方作序，评价该方临证治疗，效果甚高。其美誉之词，令人确信此方效果非凡。致使此方传播甚广。然有不知医者，或不明方旨者而用之，其使用结果，往往适得其反。宋人著书曾有记载。最早当推哲宗绍圣四年丁丑（1097）进士叶梦得[①]其《避暑录话》中载："宣和（1119~1125）间，此药盛行于京师，太学生信之尤笃，杀人无数。医顿废之。"较叶梦得稍晚者，名医陈言[②]著《三因极一病证方论》时，为诫后人慎之，将苏翁之序全文录下，并于"圣散子方"后，特加评语："此药以治寒疫，因东坡作序，天下通行。辛未年（1151），永嘉瘟疫，被害者不可胜数，往往顷时。寒疫流行，其药偶中抑未知方土有所偏宜，未可考也。东坡便谓与三建散同类，一切不问，似太

---

① 叶梦得（1077~1148）：字少蕴，号石林居士。苏州吴县人。宋词人。祖籍处州松阳（今属浙江）。晚年隐居湖州弁山玲珑山石林，故自号石林居士。所著诗文，多以石林为名，如《石林燕语》《石林词》《石林诗话》，尚著有《避暑录话》。

② 陈言（约1121~1190，一说1131~1189）：字无择，号鹤溪道人。浙江青田鹤溪人。为南宋永嘉医派创始人。长期居温州，行医济世。精方脉，德高技精。创"三因学说"，著《三因极一病证方论》18卷，简称《三因方》（1174）。

不近人情。夫寒疫，亦能自发狂。盖阴能发躁，阳能发厥，物极则反，理之常然，不可不知。今录以备疗寒疫用者，宜审之。不可不究其寒温二疫也。”晚清国学大师俞樾[①]，其著《茶香室丛钞·卷十一》，特将宋代名医陈言《三因极一病证方论》中有关“圣散子方”评语转录书中，以诫后人慎之，警之。当代学者钱远铭主编《经史百家医录》，复将俞樾转录之文，编入集中，并特附《按语》曰：“中医之谓疫，包括多种烈性传染病，未可以一方统治之。圣散子由辛香燥烈之药组成，虽用治寒疫，亦应辨证加减使用。”对于圣散子方中诸药功效，此语已述之明白清楚。圣散子方即便疗治寒疫，同样应据病情轻重缓急之情，进行加减使用。倘若并非寒疫，其病性质与之相反，若用此方，则会造成严重后果。轻者病情加重，重者导致死亡。宋代叶、陈二位医家所载，便是确凿之证。

湖北科学技术出版社出版《〈伤寒总病论〉释评》一书（1987），由湖北浠水县卫生局、湖北中医学院（今湖北中医药大学）合编。书中对“圣散子方”，特加《按语》：“从方药组成看，全方偏温，用于时行寒疫病自无不可，但若云：‘一切不问阴阳二感，或男女相易状’，未免言过其实。”上述两段按语，于圣散子方临证功用，评价可谓公允中肯，不失偏颇。医家临证用药，其指导意义，亦尤为重要。

---

① 俞樾（1821~1907）：字荫甫，号曲园居士。浙江德清城关乡南埭村人。清末学者、经学家、书法家。现代诗人俞平伯曾祖。章太炎、吴昌硕、日本井上陈政，皆出其门下。

圣散子方令历代诸多名家评述，虽贬多褒少，然皆出于一意：医道济世，方药救人，为医者当谨之，慎之，切不可草率行医用药。昔苏轼索方、传方，并为此方作序，皆出自慈悲之心，欲广传于世，以济世救人，其仁人之心，足可鉴之。再者，苏轼甚赞此方功用，并非全无道理。苏轼曾以此方在黄州救治患者无数，时疫亦正好与此方所治相合。苏轼积此救治经验，故于斯序中，甚赞此方功用，亦是合情合理。

至于其后因此方“杀人无数”，实非苏轼所愿。而因苏轼作序，“言过其实”，此“过”虽难回避，然安常知医，熟谙方药，行医数十年，其临证经验丰富，当知此方宜忌，应于书中加以评述，以诫医者用方谨慎，然安常先生只载其方其序，竟未著一字述说。应受当时医家于伤寒一病，认识所限，安常亦未敢评说。是以后人责其过，洵无道理。

苏轼以文名盛传于世，虽非临证医家，然平生好研医理，拾掇方药，论医论药，每有所感，或偶有所得，即随笔而录，信手而书，且多有见地。苏轼诸多随笔体文字，散见于苏轼诸诗词文集中，后人将其所得所记之“医药杂说”，汇于沈括所集之《良方》中，复几经传抄，转载刊行，汇成《苏沈良方》，流传至今。今有宋代沈括、苏轼撰，宋珍民、李恩军校《苏沈内翰良方》（中医古籍出版社，2009年）一书。该著中《校后记·二·成书》说：“《苏沈良方》并非苏、沈二人当时合著之书，也非后人将二位原著方书合并而成。南宋初年，晁公武在《郡斋读书志》中提出：《苏沈良方》乃后人将苏轼医药杂说附益于沈括原编《良方》一书中而成。此论一开，其后历代著名学者（包括文献目录学家）都因循此论，更无他说。”

附录：黄州

黄州，位于湖北东部，长江中游北岸，大别山南麓。自隋唐以来，为州、府、县治所（治所，古指地方政权的政府驻地所在，包括省治、府治、州治、县治），素享“古名胜地，人文薮泽”之誉，城内有禹王城、东坡赤壁，闻名古今；有千年名刹安国寺，历经数朝名塔青云塔（一名文峰塔）。有遗爱湖（因苏轼《遗爱亭记》而得名），闻名遐迩。为全国著名历史文化名城之一。

黄州，首设黄州府，据载，为北周大象元年己亥（579）十一月，北周韦孝宽南下淮南，改罗州为蕲州（今蕲春县），置永宁县（今武穴市），隶属蕲州；改南司州为黄州（今黄陂地），置黄陂县，隶属黄州。黄州州治于黄城。

隋开皇三年癸卯（583），罢衡州，始以齐安郡为黄州。黄州治所，迁至南安城（今武汉市新洲区邾城，即今城关镇）。据《隋书·地理志》载：“（永安郡）黄陂，后齐（北齐）置衡州，陈废，后周（北周）又置。开皇五年改曰黄州。”清末学者杨守敬于《隋书地理志考证》中载：“后周黄州，因黄祖黄城镇为名。隋之黄州，移周黄州治于黄冈耳，与春秋黄国不相涉。”据此可知，黄州之“黄”，源于黄城镇，因东汉建安（196~219）年间，江夏太守黄祖所筑而得名黄城镇，一名黄城。

唐大（太）和五年辛亥（831），黄州刺史刘嗣之，始迁治所至江北赤壁山之上（今属黄州区），与江南武昌（今鄂州市）隔江相望。唐中和五年乙巳（885），黄州州城，东迁6千米，于故城邾城（今禹王城）遗址重建新城。北宋初，黄州州城离开邾城遗址，向东南迁至江滨。

黄州至宋，仍属偏远之地。苏轼贬谪至此，却是生命转折点，亦是文学人生，走向高峰之始。正因如此，王国维称誉东坡："三代以下诗人，无过屈子、渊明、子美、子瞻者。此四子者，若无文学之天才，其人格亦自足千古。故无高尚伟大之人，而有高尚伟大之文章者，殆未有之也。"黄州虽为偏远无名之地，却因苏东坡而扬名于世，苏东坡亦因黄州使其生命转折、文学鼎盛而久盛于天下也。

唐宋之后，黄州之名，未再更易。明太祖洪武元年戊申（1368），易黄州路为黄州府，属广行省。洪武十一年戊午（1378），撤蕲州，隶属黄州府。自此蕲黄合一，史称"蕲黄"。黄州府领一州七县，即蕲州、黄冈、麻城、黄陂、蕲水（今浠水县）、罗田、广济（今武穴市）、黄梅，隶湖广布政使司武昌道。世宗嘉靖四十二年癸亥（1563），朝廷诏令，割黄冈（中和乡）、麻城、黄陂三县之地，增置黄安县（今红安县）。黄州府始领一州八县，即蕲州（今蕲春县）、黄冈、麻城、黄陂、黄安、蕲水、罗田、广济、黄梅。清沿袭明制。圣祖康熙三年甲辰（1664），属湖北布政司。世宗雍正七年己酉（1729），黄陂县划属汉阳府。清末黄州府治黄冈（今黄州区）。下辖黄冈、黄安、蕲水、罗田、麻城、广济、黄梅共七县。民国元年壬子（1912），撤销黄州府，保留黄冈县建置。蕲州为一散州，至民国二年癸丑（1913）废除。民国八年己未（1919），始置黄冈县黄州区（又称第一区）。

新中国成立后，原名黄冈县，县治驻团风镇。1951 年 6 月 20 日，划出黄冈县西部徐古、汪集、李集、旧街、新洲、三店、仓埠、阳逻八区，置新洲县，1983 年，始划归武汉市管辖，1998 年为武汉市一新型城区。

1951 年 7 月，始设县级黄州镇（黄州市区前身）。1954 年，因洪水黄冈县县治毁坏，至 1955 年，县治由团风镇，迁往黄州镇。黄州镇复归黄冈县。1979 年 11 月 16 日，鄂城市成立，划黄冈县黄州镇，归鄂城市管辖，隶属黄冈地区。1983 年 8 月 19

日，黄冈县黄州镇，划入江南鄂州市。1984年1月，正式移交，鄂州市于江北原黄州镇地域，设置鄂州市黄州区。1987年2月28日，国务院批准鄂州市黄州区撤销。1990年12月26日，黄冈县改建黄州市。1996年5月，撤销黄冈地区建置，始设立黄冈市。黄州市一分为二，分设为黄州区、团风县。隶属黄冈市人民政府。回溯黄州历代，偏于京都，远于繁华，而俯瞰今朝，路贯京九，湖呈锦绣，城名天下。

蕲　春

宋 谢与权　　蕲春

谢与权，宋代蕲州（今湖北蕲春县）人。世代业儒，兼工医理，至谢与权一代，尤精于临证望诊，用药如神。有医案载：一患者杨惟忠，年六十余患病，面赤如火，群医治之，皆不效验。其婿陈栖，延请谢与权诊视。谢与权至，熟视久之，不诊其脉，说："证候已可见，此伏暑证也，宜用大黄、黄柏等物。"众医则以"正阳丹""白泽圆"加钟乳、附子治之。杨惟忠夫人滕氏，以其夫新纳妾，猜度定为贪色伤身，遂从众医之议，而不听谢与权言。谢与权说："明日午时当躁渴，未时必死。吾来助诸公哭吊也。"言罢，拂袖而去。次日，杨惟忠果然躁渴而死，其夫人滕氏悔恨莫及。《黄州府志》（清光绪十年刻本）、洪迈《夷坚甲志·谢与权医》《丛书集成》初编（上海商务印馆，中华民国二十六年）均有记载。

元

鄂　州

元 邹天贵　　鄂州

邹天贵，字义夫。其先祖，江西新喻人。元末，天下战乱，天贵奉父俊轩之命，避乱于鄂城（今属鄂州市）金牛镇，遂安家于此。天贵博通经史，世以医名，力排“寒凉派”刘河间、“滋阴派”朱丹溪学说之弊，尤精于子午流注针法，活人无数。江南江北，前来就医者，或锦衣富贵者，或草履贫寒者，常挤满门庭。一时，有医士戴志高、李子善者，曾先后与天贵，论及《素问》《灵枢》诸书，皆有所发明，各欣获志趣而去。长沙毛西埜（野）、苏州陈绍先、荆南曾彦嘉之辈，深知天贵性情学术，各特为文以纪之。是以名扬渐远，以致京师来聘者，踉踵相接，天贵皆不赴。颜其堂曰：“存心。”有诗一帙，新喻进士傅玉润特为序行之。《邹氏谱》《鄂城志》《武昌县志·人物传》，皆立传记载。

附录：鄂州

鄂州，湖北地级市。位于湖北东部，长江中游南岸。为湖北省省辖市。是湖北历史文化名城、古铜镜之乡。素有“百湖之市”“鱼米之乡”称号。因曾名武昌，故其地所产鳊鱼（学名团头鲂，俗称鳊鱼、草鳊，别称缩项鳊），谓之武昌鱼，驰名中外。辖鄂城、梁子湖、华容三区。与历史文化名城黄州，隔江相望。今有鄂黄长江大桥相连，桥南鄂州，桥北黄州。

鄂州历史悠久。西周夷王七年（公元前879），楚王熊渠伐扬越，至鄂。封其子熊红，为鄂王，筑鄂王城。熊渠卒，熊红嗣位，仍居于鄂。湖北简称为鄂，此即其由来也。

公元前770年~前476年，春秋时为楚之别都。楚共王熊审，封其三子子皙为鄂君，始铸铜镜。公元前475年~前221年，战国时为鄂邑。

秦始皇二十六年庚辰（公元前221），秦置鄂县，属南郡。汉高祖六年庚子（公元前201），汉为鄂县，属江夏郡（今鄂州为其治所）。刘邦封大将樊哙于鄂县，灌婴筑鄂县城。西晋元康元年辛亥（291），武昌郡属江夏。隋开皇九年己酉（589），废鄂、西陵二县，归武昌县，置武昌郡，改郢州为鄂州。武昌县隶属鄂州。南宋嘉定十四年辛巳（1221），武昌县升为武昌军，次年改为寿昌军，为江西路治所。元大德五年辛丑（1301），废散府，武昌县属武昌路。明清沿袭前朝。

至民国二年癸丑（1913），武昌县改寿昌县，属武汉黄德道。1949年6月，鄂城县人民政府成立。鄂城为大冶专区治所。1952年，撤销大冶专区，鄂城县属黄冈专区。1960年，撤销鄂城县，设立鄂城市。1961年12月，撤鄂城市，恢复鄂城县。1965年，鄂城县划归咸宁地区。1979年，鄂城县、市分设，同时划属黄冈地区。1983年，撤销鄂城市、鄂城县，将黄冈县黄州镇并入，合并成立省辖鄂州市。下设两直辖区（鄂城、黄州）、四派出区（华容、长港、程潮、梁子湖）。1986年，域内左岭镇划属武汉市洪山区。1987年，黄州区划归黄冈县，撤销四派出区，设立三市辖区：鄂城、华容、梁子湖。1993年省政府公布鄂州，为湖北省历史文化名城。

明

黄　冈

明 万宁　　黄冈

儿科名医万宁

万宁（1475～1567?）［何时希《中国历代医家传录》（中）］，字咸邦。湖北黄冈县人。据李经纬《中医人物词典》载："嘉靖、隆庆（1522～1572）年间名医。"祖上五代业医。万宁幼年时，即有"活人"之志，随父习医。其父甚悦，悉心授之，并告诫万宁，立志从医，应严守祖训："以德为本，婆心（慈心）为先。"严父倾力教育，更兼万宁天资聪颖，勤奋好学，至18岁时，即能悬壶济世，且声名日隆，以致湖北提学薛文宗荐举万宁说："善医国手，唯万氏一人而已。"因薛文宗上表极力荐举，万宁得以进入皇宫，成为皇家御医。嘉靖四十三年甲子（1564），甘皇妃怀孕不到三个月，染上疟疾，宫中御医处方柴胡桂枝汤，服方三剂痊愈。不料，恰逢端午节，甘皇妃随宫娥至金桥，观看龙舟，不慎堕胎，因匿情不奏，竟归咎于医官朱林。嘉靖帝不察，将太医院御医一概治罪，朱林被诛，万宁虽然无辜，且年迈近于90岁，仍受杖刑，流配岭南梧州（今属广西）。

"途历七千里程，又苦飧霜眠雪，悲风萧条"，至梧州时，已是"气息奄奄"。幸得梧州知府柯文沼，心怀怜悯，以宾礼待之，并悉心关照，不久，二人竟成莫逆之交。万氏贬梧州三年，复职归于京城。常思梧州知府厚遇，适值万宁"正历修纂集所有祖训、亲治证验、医案良方、药方药法"，并一一刊刻。书成特地传送柯文沼。时值明隆庆元年王春月望日，即丁卯正月十五日（1567）。

是书名《万氏医贯》。所谓医贯，据《万氏医贯·原序》释曰："万殊归一，一以贯之。"书分"天地人"三部。天部，列胎原初生诸病，及五脏主病，兼证症验。地部，列脾肾各主病，兼证症验。人部，列家传世验良方。此书自明代刊行后，因其临床价值极高，流传民间甚广，至清流传版本渐多，最早有清代精刊本、清同治十年辛未（1871）仲春，鹭门徵瑞堂叶刊本，扉页之左，刻有"板藏鹭门印心书屋"［明代万宁《万氏医贯》，中国医学大成续集。选用清同治十年辛未（1871）鹭门徵瑞堂刊、印心书屋藏版为底本］字样。随后有清光绪二十九年癸卯（1903）香港中华印务公司铅印本、清宣统二年庚戌（1910）商务印书馆铅印本。

附录：《万氏医贯》考略

万宁《万氏医贯》，与万密斋《万氏家传幼科发挥》一书，世曰二书文字相同甚多。今人众说纷纭，多有疑虑。经查考有关文献资料，现分述为三，以供参考。

其一，查考二书目录篇名，确有不少相同，如《脐风》《撮口症》《噤口症》《锁肚症》《变蒸》《变蒸兼证》《幼疾》《诸汗》《诸热》《热有表里》《热有虚实》，篇名完全一致。考其目录全部内容，仍以《万氏医贯》目录为线索，可知全书分天、地、人三部。天部“列胎原初生诸病及五脏主病，兼证症验”。分上、下两部。上部载文46篇，下部载文44篇。地部“列脾肾各主病，兼证症验。”分上、下两部。上部载文16篇，下部载文19篇。人部“列家传世验良方”。亦分上、下两部。上部载文176篇，载方剂176个。下部载文173篇，载方剂173个。万密斋《万氏家传幼科发挥》有四卷。卷一载文12篇。概述小儿生理、病理、临证诊治歌诀及初生诸病。其中《脐风》一篇载文6则。卷二载文20篇，述五脏诸证、主病及肝经主病、心经主病。卷三述脾经主病及脾胃调理。载文14篇。卷四述肺脏主病、兼证及所生病，肾脏主病、兼证及所生病。书末附《汤方》75个。据上述二书目录可知，《万氏医贯》所述内容，较《幼科发挥》丰富。《幼科发挥》论述较《万氏医贯》精简。如从所载方剂得知，《万氏医贯》349个，多有用法说明，而《幼科发挥》75个，少有用法说明。

其二，查考两书内容，以《撮口症》一篇为例。《万氏医贯》载：“儿多啼，口频撮。此脐腹痛也。可用雄黄解毒丸（**百五十一**），加乳香、没药各五分。丸如麦米大，每服五丸，竹沥、生姜自然汁下。利去恶涎。外以蕲艾炒热，杵烂护其脐。频换，使温暖之气不绝。如不乳者不治。”

《幼科发挥》载：“儿多啼，口频撮者，此脐腹痛也。可用雄黄解毒丸，加乳香、没药各五分，丸如黍米大，每服五丸，竹沥生姜自然汁送下。利去恶涎良。外用蕲艾炒熟杵烂，护其脐，频换，使温煖之气不绝也。不乳者不治。”两者对照，只有数字之差。万密斋本“利去恶涎良”句，多一“良”字。不及万宁本精确。“外用蕲艾炒熟杵烂”句，易两字，万宁本用“以”字，万密斋本用“用”字，两者一者古语，一者口语。另一“熟”字，万宁本用“热”字，准确。尚如《万氏医贯·噤口症》：“牙关紧急，不能吮乳，啼声不出。发搐者，不治。”万密斋《幼科发挥·噤口证》：“牙关紧急，不能吮乳，啼声不出，发搐者不治。”二者无一字有异。查考其他不少篇目，内容相同大都如此。

为何出现这一现象？《万氏医贯·万氏原序》言：“宁受庭训，历医相传五代矣。宁方龆龄时，有活人志。先君始教宁继医，祖传授受，以德为本，婆心为先。宁自十八岁行医迄今，七十余载。见信一方，未尝有一事愧也。”《幼科发挥·叙万氏幼科源流》言：“粤自先祖杏城（**有载作“坡”字**）翁，豫章人，以幼科鸣，第一世，蚤卒。先考菊轩翁，孤，继其志而述之。成化庚子（1480）客于罗，娶先妣陈氏，生不肖，乃家焉，其术大行，远近闻而诵之万氏小儿科云，为贰世。……故予暇日，自求家世相传达室之绪，散失者集之，缺略者补之，繁芜者删之，错误者订之。书成，名育婴家秘，以遗子孙，为三世。惜乎有子十人，未能而行之者。其书已流传于荆、襄、闽、洛、吴、越之间，莫不曰此万氏家传小儿科也，余切念之。……又著《幼科发挥》以明之者，发明育婴家秘之遗意也。”从二序中可知，二著皆源于二位医家祖传也。据万密斋言，万氏儿科流传很广，“荆襄、闽、洛、吴、越之间，莫不曰此万氏家传小儿科也。”罗田、黄州相距百余里，均是流传范围。

其三，二位医家皆为明代嘉隆年间名医。查考二书付梓时间，相距不远。

据《万氏医贯·万氏原序》中载：“（书成）时皇明隆庆元年王春月望日……国子监监生湖广黄州府冈县九十岁万咸邦宁撰”载，知为明穆宗朱载垕隆庆元年丁卯年元月十五日，即1567年。时年万宁93岁。据此，何时希先生认为万宁当生于1475年。据毛德华先生考证（**《万全家世及生卒考》，载于《湖北中医杂志》1992年第4期**），万密斋生卒年应为1499～1582年。而《万氏家传幼科发挥》一书付梓何时，兹据傅沛藩、周玉萍校注《幼科发挥》本（据傅沛藩等《万密斋医学全书》），书前载有《叙万氏细科源流》，文末载有“万历己卯夏至日自书味玄精舍密斋识”，注者下注有一行字：“此序下款原无，补自1937年上海医界春秋社据日本宝永刻本影印之《新刻万氏家传幼科发挥》。”尚据日本·丹波元胤著《医籍考》载：“《万氏全育婴家秘》四卷，存。”“《幼科发挥》二卷，存。自序曰：……万县历己卯夏至日自书。”［据日本·丹波元胤：《医籍考》。郭秀梅、（日）冈田研吉校译］依方诗铭《中国历史纪年表》，明万历己卯年，为1579年。由此可得知，《幼科发挥》为万密斋晚年著述，书成三年后即逝。

由上述所载，知万宁《万氏医贯》成书于1567年（明隆庆元年丁卯），时万宁93岁，万密斋68岁。而万密斋《幼科发挥》成书于1579年，较《万氏医贯》成书晚12年，时万密斋80岁。若万宁尚在世，以虚岁计，当为105岁。而万宁是否在世，暂未见文献记载。待考。

明　李之泌　　黄冈

儒医李之泌

李之泌（约1608~1672），字鄙仙。黄冈县人。明末清初医学家、理学家。为人严正，谨饬，端庄，非其友而不妄一言。居家，常袖手而坐，闭目静思以养精神。每得财物，绝不独享，总是分给故旧与贫困乡邻。明亡后，时之泌近40岁，隐居县东白云山剑峰下，虽每年有地方荐举或征聘，但李之泌仍绝意科举，不求仕进。

《黄州府志》［清光绪十年甲申（1884）刻本］载李之

泌：有士人气节，为人敬之。常与杜濬（字于皇，号茶村）、孙锡蕃、刘醇骥、何履仕、万年鼎诸名士交善。因与才人何履仕交好而与齐名，时称“何李”。

李之泌先世为蕲水（今浠水县）人，后徙居黄冈。其父名云筑，又名成蹊，字不言。邑诸生。李之泌为其长子。其父工于诗文，颇有名气。然在李之泌年幼时，其父即去世。李之泌虽早年丧父，然以先贤自励，刻苦求学，治学严谨，尤于周易，多有阐发，而于程朱理学研究，成就卓然。著有《夙知录》《读易绪言》《三极图说》三书，闻于世。其《夙知录》著于50岁后，光绪《黄冈县志》、光绪《黄州府志》、民国《湖北通志》皆有记载。此著现藏湖北省图书馆。其文学著述有《悦泉诗集》《松鳞集》，惜皆散佚不传。

李之泌儒学功基厚实，为其学习中医理论，钻研医学经典，提供优越条件。据清代廖元度《楚风补》记载，之泌“闻昆山有刘默（霦）生精医，乃诣之。刘大喜，悉授所学，越三年辞归。十年，黄安令延至说《易》，乃著《三极图说》。”。江南名医刘霦生，曾师从一代名医缪希雍[①]，并得先生真传。李之泌遂至江南，拜刘霦生为师。李氏聪颖好学，深得刘霦生赞赏，悉心传授医术，李之泌医术精进，并著有《庸皋医学宝露》。

李之泌成为一方名医，师承皆是杏林名家，学术渊源深厚。因其医学理论深厚，医术精湛，且儒、医并行，授徒众

---

① 缪希雍（1546～1627，一说约1560～1630）：字仲淳，亦作仲醇，号慕台。原籍江苏常熟虞山人。17岁患久疟，自检方书治愈，遂嗜医。好游，寻师访友，旨在搜集方药，探讨医理。旅居长兴多年。后移居金坛县，与名医王肯堂共处一邑。撰《先醒斋医学广笔记》及多部医书。

多。隐居白云山时，曾任大昌知县易为泰，亦迁居白云山，相距邻近，彼此交往甚密。易为泰之子时泽，敬慕李之泌医术精湛，与从弟时范，皆拜李之泌为师学医。李之泌皆悉心传授，兄弟二人医术渐精，救人无数，亦名闻遐迩，时称“二易”。曾先后师从李之泌习医，载于方志、列为良医可查者，尚有方洛（字东卜）、吕君调（字戒平，著有《医方人华集》）、黄念贻、何子康、欧斯万、许承生等，皆精于医术。

《黄冈县志》［清光绪八年壬午（1882）刻本］载：李之泌有子孝迪、孝种，皆淳笃力学，孝种善诗及书法。而李大吕，则继之泌医术，以医为业，精于伤寒研究与诊治，著有《伤寒心要》。

李之泌以名贤坚守气节，楷模于世；以名医济世，遂平生之志。尤以一方杏林名师，授徒甚众，使一方医学振兴，是以县志载“故黄冈医学，独称师授过于他邑”［《黄冈县志》，清道光二十八年戊申（1848）刻本］，其功于世，尤不可没。

附录：名医刘霦生名字考

李之泌，曾师从江南名医刘霦生。清康熙二十四年乙丑（1685）刻印本《黄州府志·卷之七·人物志·隐逸》载李之泌：“以长桑终其身。”未述及师承。清乾隆十四年己巳（1749）刻印本《黄州府志·卷之十四·人物志·隐逸》载李之泌：“绝意仕进，以长桑终其身。”未述及师承。清光绪十年甲申（1884）刻印本《黄州府志·卷之二十五·人物志·隐逸》载李之泌：“绝意仕进，以长桑术终其身。”亦未述及师承。最早记载师承江南名医刘霦生，见于清乾隆五十四年己酉（1789）刻印本《黄冈县志·卷之十一·方伎》:“初，之泌受医法于江南刘霡生。著《庸皋医学宝露》。”至清道光二十八年戊申(1848)刻印本(上)《黄冈县志·卷之十一·方伎》亦载:“初，之泌受医法于江南刘霡生。著《庸皋医学宝露》。”清光绪八年壬午(1882)刻印本(下)《黄冈县志·卷之十二·方伎》亦载:“初，之泌受医法于江南刘霡生，著《庸皋医学宝露》。”诸载可知,《黄州府志》略，而《黄冈县志》略详，皆载有江南名医刘霡生。应以《黄冈县志》为准。

清代廖元度选编，湖北省社会科学院文学研究所校注《楚风补校注》(**湖北人民出版社，1998年**)载之泌:“寻念游不可无术，闻昆山有刘默生精医，乃诣之。刘大喜，悉授所学，越三年辞归。”中医研究院、广东中医学院主编《中医大辞典·医史文献分册》(**人民卫生出版社，1985年**)有刘默生条:“见刘默条”。“刘默条”载:“明代医家。字默生。浙江杭州人，明末迁居苏州。曾跟随名医缪仲醇学医，活人很多，名噪一时。”陈梦赉《中国历代名医传》载:“缪希雍(约1560~1630)，字仲淳(淳一作醇)一字仲仁，号慕台。明代江苏常熟人。”何时希《中国历代医家传录》(**人民卫生出版社，1991年**)列有“刘默”“刘默生”二条，互解。刘默条载:“刘默，字默生，家世武林。受业于缪仲醇先生，明末时，来寓苏郡之吴趋坊，活人甚众，名震当时。”

上述三书，均将“刘霡生”，写为刘默，或刘默生。默，以为是“霡”的别字。默，读mò;霡，mài，二字既不同音，亦不同义，完全是误字。

李今庸主编《湖北医学史稿》则载:“子泌受医法于江南刘脉生，著《庸皋医学宝露》。”子泌，当为“之泌”之误。脉，误为“霡”的简化字。霡、脉二字，同音不同义。霡，小雨。脉，血管;脉搏。今特述此，以供同道参考。

明 宋子京　黄冈

望诊名家宋子京

宋子京，明代黄冈县名医。清道光八年戊子（1828）刻本《黄冈县志》、清光绪十年甲申（1884）刻本《黄州府志》，皆有记载，然所载皆略，唯《湖广通志》略详。清代陈梦雷纂辑《古今图书集成·医部全录·医术名流列传·宋子京》时，所据志书，即以《湖广通志》所载为准。

宋子京幼年习举子业，屡试不第，遂弃举子业而矢志于医。弃儒从医后，宋子京苦攻医学经典，久之，心智开朗，通其经典要旨，明其医理，医术亦日臻精湛。《湖广通志》载他："久之，悟《素问》《灵枢》，六腑内外，穴穴相应，又心智洞朗，一望而知人病之所以。"据此可知，中医四大诊法望、闻、问、切，宋氏尤精四诊之首望诊。宋氏医学理论素养之深，其观察细微，诊断精确，非平平医家可及。

宋氏临证诊治诸况，《湖广通志》虽未详载，却载有三则临证医案，由此可知其临证水平。一则载，有一巡道①并无他病，唯厌饮食。巡道至黄冈巡察，郡守知其厌食之疾，遂荐宋子京前往诊治。子京说："先不宜前去，待观察之后，再去诊治不迟。"遂候巡道出门坐轿时，从旁仔细观察，得

---

① 巡道：代表朝廷到各地巡察的官员。清初，布政使下设左右参政、参议，驻守某地，称守道。按察使下，设副使、佥事，可去分巡某地，称巡道。设立守道、巡道，最早始于明代宗景泰时期（1450~1456）。所谓守道，即由布政使司派属驻守某一地方者。所谓巡道，即由按察使司派出巡查某一地方者。无论守道或巡道，皆藩、臬二司之辅佐官。

知巡道病况。次日“乃敝衣冠，垢污而进”。巡道一见宋子京，竟然衣冠破旧，垢面污身，甚感来者不礼，即勃然大怒，叱走宋氏。巡道大怒过后，所病竟豁然而愈。宋氏归来告之郡守，巡道之病已愈。郡守颇感疑惑，求见巡道，果真病愈，遂将宋氏之语告之，巡道不解，遂传子京。次日，子京修整衣冠入见，彬彬有礼。巡道问其故。子京说：“昨日垢敝，乃医公之病也。公之所患，谓之喜病，唯以怒可治之，故激公一怒而喜自消，是以自能病愈而快食耳。”巡道恍然而悟，遂以宾礼待之，敬为大医。

二则载，一日，宋氏出诊归来，途中遇有出殡者，见棺内漏血一滴，宋子京细察之，即道：“此棺内人可生也。”急前问之，知是产妇难娩而死。宋忙呼其夫开棺，人皆惊异，宋言妇人可救。其夫救妻心切，急忙开棺。宋即针刺产妇，立娩一男。母子皆安。人皆称宋氏为神医，远近传闻，无不敬之。

三则载，前郡守在黄州任职时，子京曾入见之。视之，以为有病潜伏于身。遂替郡守诊脉，谓十年之后，当领西南节钺，然必坠下颏。十年后，郡守抚蜀，果真病发，两月不愈，遂急请子京医治。子京至，入署交拜，子京遂以手掖抚军起，顷刻间，抚军下颏已复。群属见之，无不惊叹，誉之神医，果非虚传。

宋氏虽为一方名医，惜其无著述传世，术无传人，幸地方志书有载，虽所载简略，然其术精德高，终为后人敬慕，可为医之楷模。

明 胡慎庵 黄冈

胡慎庵，明末湖北黄州人。据明代萧京[①]《轩岐救正论·自序》（1644）载："夫医之为道也，总君父师相之权，而其学也究天人性命之微，故君子取其精以治身，推其余以济世。斯仁术也，乃后世以方技目之。缙绅名士，多所弗讲。司马公不云乎，达则为良相，不达则为良医，其可以贱简为哉。予髫龄弱禀，质钝志劳，穷猎简编，苦心诵著，婴疾梦遗，百治莫瘳。继因从宦游楚慈阳，邀学博黄州胡慎庵先生于衙斋，治之三月获痊。先生盖明医李濒湖[②]公甥孙也，因授轩岐秘典，脉旨病机，药性方法，一一精详。先生又私淑于立斋[③]者也。嗣入蜀，复参印群贤，颇得肯綮，沈酣于斯，二十余载矣。归里后，有请诊视者，目击时师治病，昧本从标，枉毙生灵，莫胜悲怛。此无他，盖以习医之人，半属匪（非，不是）人，而所习之法，全非正法，经书不识，旁径乐趋。……倘斯论可售，挽斯世于寿域，而余戆拙无似，何惜一己之知罪乎。后之君子，抑亦谅余之所以为救正也欤。崇祯甲申春二月上浣[④]之吉，闽中通隐子萧京万舆甫

---

① 萧京：明末医学家。字万舆，号通隐子。闽中晋江（今属福建）人。尝患梦遗症，百治莫效，后游历至楚，得黄州胡慎庵治愈，乃从之学于轩岐。著《轩岐救正论》六卷（1644），今有清刻本、日本刻本。1985年，中医古籍出版社出版影印本。

② 李时珍：字东璧，号濒湖。著《本草纲目》《濒湖脉学》。

③ 立斋：即薛己（1487～1559），字新甫，号立斋。吴县（今属江苏）人。明代医学家。曾选为御医。

④ 上浣；又称"上澣"。唐宋官员行旬休，即在官九日，休息一日。休息日多行浣洗，故称上旬休日为上浣，或上澣。

撰。”钱远铭《李时珍史实考》（1988），据萧京《轩岐救正论·自序》，得出结论：李时珍有一亲授轩岐秘典、医术精深、名叫胡慎庵的甥孙。因此，顺理上推，李时珍有四子：长子建中、次子建元、次子建方、末子建木，尚有一女，适胡氏。李经纬《中医人物词典》，亦据萧京《自序》，为萧京列条记述，言萧京曾患梦遗症，幸得李时珍甥孙黄州胡慎庵治愈。李今庸《湖北医学史稿》，则据李云《中医人名辞典》，列有“胡慎斋”传略，载“为名医李时珍外孙。慎斋究心于医道。精研《内经》等古医籍及名医薛立斋之书。嗣后入蜀，复参印群贤颇有所悟。沉酣斯道20余年，医术日进，闽中肖京，婴（缠染）梦遗之疾，百治莫瘳，后于慈阳遇慎斋，治疗三日获痊。”所述内容，与萧京自序大抵相同，显然出自萧京之序。然医家姓名有异。萧京载为“慎庵”，而李云载为“慎斋”，李今庸引之。

何时希《中国历代医家传录》（1991）（中）列有两条分述：其一，“胡慎庵（内科，明）黄州人，李濒湖之甥孙，又私淑于立斋者也。曾为楚慈阳学博，治萧京病愈，因授轩岐秘典，脉旨病机，药性方法，一一精详。”［《轩岐救正论》崇祯甲申（1644）萧京《自序》］其二，“胡慎斋（内科，明）‘发明’吴球《活人心统》”（《中国医籍考》引陈莘）查丹波元胤《医籍考》（2007），载：“《活人心统》四卷。存。吴球曰：此书集先贤之成语，论藏府之盛衰，录古今经验之方，开后学正大之路，皆直白之言，非雕琢之说。同志者鉴之。陈莘《题茭山吴翁小像后》曰：翁博学慕古，轻财重义。少尝游心经术，医业独得其精，乃修《方脉主意》《活人心统》《食疗便民》《诸症辨疑》等书一十六卷。感钜卿慎斋胡公发明，云东龙公、岱野张公、邑侯赤山郑公校证绣梓，得成全集，真医学之指南也。”《医籍考》亦载萧京《轩岐救正论·自序》全文。据何时希与丹波元胤所载，胡慎庵非胡慎斋，当为两人。李经纬《中医人物词典》载：“吴球，明医家。字茭山。生活于十六世纪上半叶。……著《诸证辨疑》四卷……等，今均佚。然李时珍《本草纲目》间引其论。”胡慎斋若与吴球同时代，则为1500~1550年间。胡慎庵治愈萧京疾时，在明末，由此可知，慎斋与慎庵应为两人，且慎斋早于慎庵。慎庵为李时珍甥孙，慎斋非也。

红　安

明 刘秉德

红安

刘秉德，字均粹。明代黄安县（今红安县）滠源里人。幼时业儒不成，弃而业医，始攻读《黄帝内经》诸中医经典，遂渐精医术。尤善诊治疑难杂症，救人无数。遐迩闻之，无不敬仰。《黄安县志》［清同治八年己巳（1869）刻本］载有两则医案。

其一，一日，刘秉德行医途中，遇一小儿，因痘发不治，将殡。刘秉德见而即曰：“此儿可救活。”乃置病儿于井傍，汲水注之，小儿面色转白。俄顷，小儿喷嚏。果真立活。其二，有贵人，目中见镜形，乞治于均粹翁，邀请至家，以盛宴待之。既至，刘入内，久不出，而几上置醯（xī，即醋）一碟，贵人取而饮之。未几，刘出，问贵人：

"见镜乎？"贵人答："无。"刘说："君善饮，醉食鱼鳞，鳞粘肝，故有斯疾也。"乃欢饮而散。

刘秉德每遇奇疾，诊治愈奇；施药愈妙，其效愈速。其用药不拘成法，或一味，或数十百味，皆以意裁之，药与症合，悉与病准。刘秉德医德高尚，所治患者，不问氓隶、乞丐，有求必应。学使姚公，闻其名，檄县举为乡宾。刘秉德辞而不赴。学使遂贻匾旌之。志载刘秉德年八十余而终。四乡闻之，无不为之悲痛而深悼之。

明 韩维鲁 红安

韩维鲁，明代黄安县（今红安县）人。太学生，少习科举业。父患疾，屡延医治，皆不效。遂专心精研医术，终成一方名医。志载有医案。其族中，某年有一族人，身患奇疾，盛暑暴烈之日中，犹畏寒冷，奄奄待毙。韩维鲁细心诊察，说："是病尚可治也。"即命取凉水，将病者袒衣而淋之，且让二人对其交扇不停，约十数刻，患者汗出如雨，气腾如烟，竟未药而愈。甲午岁，光罗大疫，延韩维鲁至，无不应手辄瘥，愈者甚多。

明 陈志明 红安

陈志明，字养晦。明代黄安县（今红安县）人。早年攻读医书，钻研医术，却苦于医术不精。因此，北游燕蓟，西入尖中，东至白下，南涉湘沅，遍访名师高手，遂得其要。试之，无不偶发而奇中，于伤寒阴阳二症，汗、吐、下三法，尤得其肯綮。《黄安县志》［清光绪八年壬午（1882）补刻本］卷十《合纂方技》载：安陆雷芳�倩授之梓一名《窥垣秘术》，其书存，业医者宗之。

明 陈宗柏　红安

陈宗柏，明代黄安县（今红安县）人。《黄安县志》［清同治八年己巳（1869）刻本］载其品行端直，精通医道，存心济世，每治穷苦患者，甸铢勿取。县志载其医案二则。其一，于土库店街，曾有一挑贸路过者，腹疼而毙。有好心市人，速来延请宗柏往救。宗柏闻言，立随而至。陈宗柏急取磁针，刺入患者穴中，患者立苏。其二，有一产妇，患惊风病，昏晕不治，行将就木。适逢宗柏遇之，一药而起。亲人泣谢，闻者无不敬之。

麻　城

明 李鹤来　麻城

李鹤来，字友松。明代四川遂宁县人。祖籍湖北麻城，自曾祖时迁至遂宁。其父元桂为儒生，擅长书法。鹤来自幼习科举业，兼精于医术。万历三十八年庚戌（1610），大疫猖行，横死无数，惨不忍闻。鹤来制药广施，倾力救治，昼夜不停，愈者甚多。邑民甚感之。清光绪十年甲申（1884）刻本《黄州府志》、光绪五年己卯（1879）刻本《遂宁县志》，皆有记载。

明 彭长溪 麻城

彭长溪，明代麻城（今麻城市）太仙里人。精通医理，善用针石。一日，行于道中，见一男子，问道："常患胁痛否?"其人答："是。"长溪说："腹有蛇将啮汝肝，吾为针之。"针入，嘱勿动，约七日来此。如期至，长溪说："蛇已死，可去针。"三日，蛇自腹中出，首已腐矣。据光绪八年壬午（1882）重订《麻城县志》卷三十二《艺文志一·子目》载，彭氏刻有《医见私会》。据光绪十年甲申（1884）《黄州府志》卷三十四《艺文志·子部四·医家类》载，著有《博宗方》《汇编歌诀》以行于世。后学宗之，皆为良医。清光绪八年壬午（1882）刻本《黄冈县志》、光绪八年壬午（1882）刻本《麻城县志》，亦皆有记载。

罗 田

明 万菊轩 罗田

儿科名医万菊轩

万菊轩（1448～1529），明代杰出临证医学家万密斋之父，名筐，字恭叔，号菊轩，排行第三。据《万氏宗谱》载：万菊轩生于明英宗正统十三年戊辰（1448），逝于世宗嘉靖八年己丑（1529），享年82岁。

父梅素，字杏坡，一字兰窗。豫章（今江西南昌）人。据《万氏家传幼科发挥·叙万氏幼科源流》文中记述，杏坡翁行医，以幼科享誉于世，可惜早逝。杏坡翁虽无著述传世，然于幼科临证经验，积累丰富，并悉心传子万筐。万筐得父之传，继其志，刻苦钻研，不久便能行医乡里，且亦擅长幼科。

明成化庚子年（1480），即宪宗成化十六年，时万菊轩33岁，为避兵荒，行医至罗田县大河岸。据《罗田县志》载，又适逢大旱，民多疾患，为救治病民，始定居罗田大河岸花屋垸，娶蕲水（今浠水县）陈氏为妻。于弘治十二年己未（1499），生子万全（从胡荣希《医圣万密斋传》载），时万菊轩已是盛年，医术亦大进，远近皆传诵“万氏小儿科”。

万全，字密斋，自幼聪慧好学，且受其父严格教育。其父亦有心传授家学，然却一反传统身传家教旧习，先让万全攻习儒学，奠定文化基础。自忖若万全有心功名，可进而求取，若无意功名，退可继承家业。时罗田有名儒张玉泉、胡柳溪二先生，讲述律历史纲之学。万菊轩不惜重金，携子万全，拜于二位先生门下。万全不负父望，“从游于夫子之门而学焉，颇得其传”，在同门之中，成绩屡次名列前茅，深得先生厚爱，视为得意门徒。万全亦不负师望，率先获取廪膳生资格，令万菊轩深以为慰，然此后三次乡试，均未考中。万全遂退而继承家学。

据载，万全自幼虽未从父学医，然出身世医之家，于医于药，耳濡目染，早有偏好，既入邑庠，攻习举业之余，乃涉猎方书，研习医理。一日，其父为某儿痘疮变黑而忧叹，万全问明其故，自告能替治愈。后随父前治，果然治愈患儿。其父不解，惊问万全，幼未学医，何以知治此疾？万全遂引证平时所读医书，述其医理。万菊轩听后大喜，说："汝以儒为医矣!"并常于夫人面前称赞万全："曩教儿读书，尔言我不教儿学医，吾曰医出于儒，尔不信，吾有子矣。"万菊轩遂悉心传授家学于万全。万全承父之传，亦擅长儿科，尤精于痘疹。

万菊轩欲使万全继承家学，亲传万全医理，细心剖析钱仲阳用凉泻、陈文秀以温补治痘疹之异同，万全豁然开朗。钱仲阳（名乙）乃北宋名医，尤擅儿科，《四库全书总目提要》评说："小儿经方千古罕见，自乙始别为专门，而其书亦为幼科之鼻祖。后人得其诸论，往往有回生之功。"陈文秀（名文中）乃金、南宋间儿科名医。"精大小方脉，善小儿疮疹。悉心救治贫病，被尊为'宿州陈令'。……其治痘多采温药托里、疏通和营卫之法。"万菊轩深研二位幼科名医，得其精奥，并将所获心得，悉心授于万全。万菊轩认为：钱、陈治痘之别，在于"钱氏之用凉泻，盖因患者烦躁、大小便不通之故；而陈氏之用温补，则因患者泻泄手足冷之故，虚则补之，实则泻之，即取无伐天和，无翼其胜之义。"由此可见，万全后来，能成为一代临证医学大家，显然得益于其父万菊轩悉心传教。

据陈梦赉《中国历代名医传·万全》载，万菊轩著有《痘疹心要》一书。光绪十年甲申（1884）《黄州府志》卷三十四《艺文志·子部四·医家类》载有《痘疹心法》一书，载为万全著，并曰此书亦名《痘疹世医心法》《痘疹心要》。有十二卷、十四卷及二十三卷本。《中国医学大成总目提要》载："万氏幼科痘疹，得三世经验心法，片玉详痘疹之要，故多撰歌括，以便诵读记忆，临证施用。心法散幽发微，辨识痘疹之虚实异同，用药补泻机变，相互为用，尤为重要。”万氏幼科，有益于世，乃积万氏三代临证所得，杏坡翁为其始祖，创万氏幼科之始；菊轩翁尽平生之力，通诸家之学，精临证之技，使万氏幼科，得以发扬，并将平生所得，尽授于其子万全。万密斋得其家传，承继家学，积60余年临证经验，且早奠有深厚儒学功底，深研医理，得其精奥，故其医术更精，著书立说，撰成《万密斋医学全书》，历经400余年，相传不衰，惠及黎元，享誉海内外。万氏儿科之名不朽，而菊轩翁之功，亦不朽矣！

浠　水

明　黄廉

浠水

黄廉，字伯清，号铜壁山人。明代蕲水县（今浠水县）人。嘉靖（1522～1566）末，从巡抚陆隐至湖州，遂有家焉。通天文、历术、太乙、壬遁、堪舆之术，尤精于医，名著三吴（泛指江南吴地）间。有言山人有幻述，能隐形变化。山人竟道：“我本不能，乃人传荒唐之语也。”据乾隆二十三年戊寅（1758）增刻乾隆四年己未（1739）《湖州府志》卷四十六《著述三·子部·医家类》载，黄廉编撰《伤寒摘锦》八卷、《痘疹经验秘方》四卷。同治十三年甲戌（1874）《湖州府志》卷五十九《艺文略四》：《千顷堂书目》作《秘传经验痘疹方》四卷。明万历七年己卯（1579）邢邦芦本，藏于中国医学科学院图书馆。

蕲 春

明 韩泰 蕲春

韩泰，字道诚。明代常州府武进县人。《蕲州志》［清光绪十年甲申（1884）刻本］载，高祖莹，元代为蕲州路提举。子显卿，为蕲春府医官。孙玺，继业三世，遂入籍，定居于蕲州（今属蕲春县）。韩泰医学精熟，能甘于淡泊，怜于贫苦，广施医药，以救穷困。明宪宗成化（1465～1487）年间，礼部访求名医，行取赴太医院三载，称病归里，遂不起，享年79岁。

明 李月池 蕲春

李月池（？～1561），明医药学家李时珍之父。名言闻，字子郁，号月池，晚号藏六野人。蕲州（今湖北蕲春）瓦硝坝人。其父为铃医，一生行医江湖，走乡串户，救死扶伤，劳累奔波，直至晚年，始定居蕲州城东门外瓦硝坝，将平生医术，尽授爱子月池。

月池随父学医，勤奋刻苦，探究方药，至20余岁时，医术渐进，独掌医业于蕲州玄妙观（陈梦赉《中国历代名医传》），每日前来求诊病人，络绎不绝。

月池秉性笃厚，心地善良。平素居家，孝敬父母，友爱兄弟，全家和睦有礼。清初学者顾景星《白茅堂集》载："李时珍，字东璧，祖某，父言闻，世孝友，以医为业，王侯重之。"为人乡里，左邻右舍，亲戚友人，凡有危难者，月池总竭力相助，故月池于乡里颇有声望，深受乡邻尊敬，以致乡邻之中，有讼事纠纷者，必请月池前去调解。

月池行医，救治病人，竭尽其力，每遇贫病者，月池常慷慨赠以诊金，让病人买药。据《蕲春县志》载，明嘉靖二十四年乙巳（1545），蕲州水灾，洪水泛滥，人畜漂流，沿江房屋田地，冲毁殆尽。其惨状目不忍睹。大水退后，饥荒煎迫，民多疾患。国家惠民药局视之非但不救，反伙同当地劣绅豪强，趁机讹诈饥病灾民，故病民多求救于月池。其时，月池与年迈老父，不分昼夜，全力抢救，愈者不计其数，故史称“千里就药于门，立活不取值”。

月池医德高尚，医术精湛，县志府志，均有记载。英启《黄州府志》载：“蕲多名医，如张幕恺、韩泰、李言闻、严政、郝守道之属皆有闻于时。”钱鋆（yún）《蕲州志》载言闻“精于医，官太医”。卢紘《蕲州志》记载略详：“李言闻，字子郁，颖敏问学，精通医业。每治人病，以调元保和为主，尤涉猎经史。所著有医学发明、脉学发明。兵宪刘公（注：顾景星《白茅堂集·卷四十》载：兵宪刘公“敕封文林郎，河南内乡县知县”）题有‘恒堂扁（匾）’，赠之诗，有云：‘折肱君以稔，振物我所能。时闻春有脚，欲向李仙求’之句，晚号藏六野人云。”月池医术之精，医德之高，诸志所载，足可证其非一般医家可比。正因如此，刘公称月池为“李仙”，而顾氏则直言月池“王侯重之”。

李时珍《本草纲目》中记其父两则医案，亦可佐证月池医术之精。《本草纲目·黄芩条》载：“予岁二十时，因感冒咳嗽既之，且犯戒，遂病骨蒸发热，肤如火燎，每日吐痰碗许，暑月烦渴，寝食几废，六脉浮洪。遍服柴胡、麦门冬、荆、防诸药，月余益剧，皆以为必死矣。先君偶思李东垣治肺热如火燎，烦躁引饮而昼盛者，气分热也。宜一味黄芩汤，以泻肺经气分之火。遂按方用片芩一两，水二钟，煎一钟，顿服，次日身热尽退，而痰嗽皆愈。药中肯綮，如鼓应桴，医中之妙，有如此哉！”其医术之精，医案可鉴。据考，月池娶妻张氏，生两子一女，时珍为次子。顾景星《白茅堂集》载：“时珍生，白鹿入室，紫芝产庭，幼以神仙自命。”蕲州民间，至今流传一则故事：月池知妻快要分娩，甚为高兴，连忙劈柴，挑水。打鱼，杀鸡，忙碌一阵子，只候喜婆报喜。只因月池太累，不觉伏桌打盹，梦见一白鹿，口衔一棵灵芝，跑进堂屋，一场惊喜，恰好喜婆出来贺喜：“恭喜先生，又添公子。”此子即时珍。时珍自幼聪颖过人，启蒙不数年，即能吟诗作文。14 岁由蕲州知府周训，选送黄州参加童试，一举考中秀才，取得进县、州府儒学生员资格。月池闻知，喜泪纵横。自此月池翁将入学中举、光耀门庭、改变家境希望，全寄于时珍。时珍日夜苦读，研习群经，以备乡试，然皆未中。时珍两度失考，然为承父命，继续发愤攻读，以备再试，终因寒窗苦读，身体愈加虚弱，又患感冒咳嗽，且加犯戒，遂转骨蒸病，卧病月余，命在旦夕。月池目睹爱子病危，心中伤痛，自不可言状。面临家遇罹难之际，月池翁仍能镇定自若，寻思历代名家医方，并当机立断，处方医治，使爱子于“皆以为必死”之时，转危为安，可谓妙手回春。正如时珍赞颂“药中肯綮，如鼓应桴，医中之妙，有如此哉”！《本草纲目·藜芦条》载：“我朝荆和王妃刘氏，年十七，病中风，不省人事，牙关紧闭，群医束手。先考太医吏目月池翁珍视，药不能入，自午至子。不获已，打去一齿，浓煎藜芦汤灌之。少顷，噫气一声，遂吐痰而苏，调理而安。药弗瞑眩，厥疾弗瘳，诚然。”在“群医束手”之际，月池却能果断施治，“调理而安”。其胆略过人，更见其医术超群。此则医案，尚可侧面佐顾氏所述言闻“以医为业，王侯重之”，言之有据，绝非溢美之词。

据《本草纲目·人参条》载：“考月池翁，讳言闻，字子郁，衔太医吏目。”吏目，乃明清所设属官，为九品官位，属卑官。据钱鋆载，吏目，每年银“俸叁拾壹两五钱贰分”。职位虽低，银俸微薄，然于月池而言，一生清贫，能以贡生取得国子监生员资格，选作太医院吏目，亦堪安慰。且太医院藏书丰富，月池临证之余，可博览群书，于日后返乡著述立说，有其重要作用。据当代学者唐明邦（武汉大学教授）《李时珍传》载，月池以贡生“取得国子监生员资格”，当在明嘉靖二十五年丙午（1546），时李时珍 29 岁，值蕲州水灾过后第二年。余彦文《鄂东著作人物荟萃》中认为，月池以贡生选作太医院吏目时，当在“五十岁左右”。其时局势动荡不安，而月池于京都任职时，已近年迈，故任职时间不长。还乡之后，行医之余，勤于医学著述。其时月池社会地位，亦有所改变。蕲州顾日岩、郝守道等名门之家，于月池翁，颇为尊敬。尤其与顾家交谊甚厚，以致月池去世时，顾阙[①]特为悼

① 顾阙（1528～1613）：字子良，号桂岩。顾问胞弟。湖北蕲州（今蕲春县）人。明嘉靖进士。为官清廉，常“啖菜粥”，同行呼之“顾小菜”。后辞官返乡，穷心研究阳明心学，主持崇正书院，有门生数百人。著述甚富。明代理学家。明末清初文学家顾景星曾祖。顾问（1511～1591），字子承，号日岩。嘉靖十七年戊戌（1538）进士。与弟顾阙，均为官清正廉洁，世称“天下清绝，顾问顾阙”。均为当时理学家，并称“二顾”。

之，深为悲痛。

月池去世后，据封蔚礼《蕲州志·卷三》载："太医院判李时珍父亲李言闻墓在竹林湖。"竹林湖，即今李时珍陵园所在地。有长男李果珍、次男李时珍，为其父母所立墓碑可考。顾、郝两家乃世代书香，家藏大量经史、医药典籍。月池因与之交往甚密，常与借阅。此与月池晚年著述之助极大。月池晚年著述甚富，张廷玉《明史》、英启《黄州府志》与钱鋆、封蔚礽（réng）、潘克傅、卢紘四家《蕲州志》及《白茅堂集》《本草纲目》，均有记载。其著述主要有：《医学八脉法》《四诊发明》八卷、《脉学发明》《痘诊证治》《人参传》上下卷、《蕲艾传》，惜均已失传。唯《人参传》《蕲艾传》，有部分内容保留于《本草纲目》中。《四诊发明》一书，李时珍撮其精华而撰成《濒湖脉学》。据《全国中医图书联合目录》内载，今广州中山医科大学图书馆藏有《濒湖脉学》明嘉靖刻本（待鉴定）（钱远铭《李时珍史实考》）。现存于世者，尚有经月池补撰《四言举要》一书。书中标明有"宋南康紫虚隐君崔嘉彦希范著，明蕲月池子李言闻子郁删补"。因月池"颖敏问学，精通医业"，且"博洽经史"（顾景星），故时珍赞其父"月池翁"著述，"皆精微妙奥，非达权衡者不能知"。李时珍于《濒湖脉学·自序》中亦称："先考月池翁著《四诊发明》八卷，皆精诣奥室，浅学未能窥造。世之医病两家，咸以脉为首务，不知脉乃四诊之末，谓之切者尔。上士欲会其全，非备四诊不可。"民国十年辛酉（1921）《湖北通志》卷八十二《艺文志·子部·医家类》有载。据此可知，李时珍成一代"医中之圣"（郭沫若为李时珍墓题词），其医术医德、学识学风，求实精神，皆得教其父，获益其世医之家熏陶。

月池翁，可谓严父良师，二者兼之。为科学巨匠之父，同样“将随民族生命永生”（郭沫若）。

附录：李言闻著述

李言闻，著有《四脉发明》一卷、《医学八脉法》《四诊发明》八卷、《蕲艾传》一卷、《人参传》《痘疹证治》等书。子时珍尝撮取《四诊发明》中精华，撰成《濒湖脉学》一书，序曰：“先考月池翁著《四诊发明》八卷，皆精诣奥室。世之医病两家，咸以脉为首务，不知脉乃四诊之末，谓之巧者尔，上士欲会其全，非备四诊不可。”

《医学八脉法》，见载于光绪十年甲申（1884）《黄州府志》卷三十四《艺文志·子部四·医家类》。

《月池人参传》，见载于光绪十年甲申（1884）《黄州府志》卷三十四《艺文志·子部四·医家类》。

《蕲艾传》，见载于光绪十年甲申（1884）重校光绪八年壬午（1882）《蕲州志》卷十《著述志·子部》。

《痘疹证治》，见载于光绪十年甲申（1884）《黄州府志》卷三十四《艺文志·子部四·医家类》。

《脉学举要》，据李今庸主编《湖北医学史稿》载此著：宋崔嘉彦撰，明代李言闻删补，见《中医图书联合目录》。崔嘉彦原著《脉诀》，又名《崔氏脉诀》《崔真人脉诀》《紫虚脉诀》。全文采用通俗易懂四言歌诀形式写成。李言闻对原书进行删补后，改名《脉学举要》，又名《四言举要》。李时珍将其辑入《濒湖脉学》中。

明 李建元 蕲春

李建元（1544~1598），明代蕲州（今蕲春县）人。著名医药学家李时珍次子。英启《黄州府志·卷二十四》载："李建元，字不详，时珍次子，少为诸生，性至孝。乡试不第，从父业医，自是有医名。卒后，上遗表及《本草纲目》于朝，其后无考。"《本草纲目》（金陵版）列辑书姓氏时，有"黄州府儒学生员男李建元校正""府学生员男李建元图"之载。据此，李建元曾乡试不第，遂失进取之志，乃从父业医，得父真传，亦成名医。据《明实录·卷二百七十一》载："神宗万历二十四年十一月，湖广蕲州生员李建元奏进《本草纲目》五十八套，章下礼部，书留览。"《李建元进遗书疏》亦载："万历二十四年十一月进呈，十八日奉圣旨，书留览，礼部知道，钦此。"据此，李建元助父校正《本草纲目》并为该书制图。父逝，其著出版，又代父献书于朝。《本草纲目》得以广传天下，其功亦巨矣。

据李建元墓志铭载，李建元"生于嘉靖甲辰年七月十三日申时，卒于万历二十六年十二月三十日辰时，卜郊年正月十六日巳时，葬太原里潘家团村诸家湖山之阳"。嘉靖甲辰，即嘉靖二十三年（1544）；万历二十六年，即万历戊戌年（1598）。享年54岁。

明 李建方 蕲春

李建方，明代蕲州（今蕲春县）人。著名医药学家李时珍三子。据英启《黄州府志·卷二十四》载："李建方，时珍四子（钱远铭《李时珍史实考》一书考，此载有误，当为时珍三子），少补诸生，继父业，医名播遐迩，中年入选太医院医士，后无考。”李建元因医术精湛，医名远扬，故入选太医院。《本草纲目》（金陵版）列辑书姓氏时，有“太医院医士男李建方”之载可证。

明　庞鹿门　蕲春

庞宪（约 1575～?），字鹿门。湖北蕲州（今蕲春县）人。明代医药学家。以字闻于世。

庞氏自幼师从李时珍。李时珍为一代医药巨匠，毕生从事医药学研究，学识渊博，著述繁富，近四百年来，少有人及。据学者王吉民《李时珍年谱》载，李时珍门生二人：一为庞鹿门，传其医学；一为瞿九思，传其理学与文学。庞、瞿二人，皆为一时名士。瞿九思有著述行世，《明史》有传记述。而庞鹿门未见著述行世，史书亦未立传述其详，唯地方志虽有记载，然甚简略。

清代陈梦雷纂辑《古今图书集成·医部全录·卷五百十二医术名流列传九》时，据《湖广通志》所载，列有《庞鹿门》条。文载庞鹿门：“幼从李平湖（濒湖）作《本草纲目》，视神农多三千品，视唐本草多一千五百品，视陈希彝著多百品，凡虫鱼鸟兽草木，天地内外，无所不包，又复考核详究，尽生生变变之妙。”尚记有“弟子庞鹿门曾助成《本草纲目》”。庞氏助先生完成医药巨著《本草纲目》，其编校整理工作之繁之细，从中所学医药学知识之广之深，由此可知。《湖广通志》尚载他“得平湖（濒湖）之学”，尤精于脉理，平素“好说《素问》《灵枢》，医家罕有知者”，只是“不肯轻以示人，至老乃出”。庞氏于祖国医学经典，深钻苦研，熟谙《内经》，其医学理论功底之深，且平生临证谨慎，不肯草率行医，此皆得益于恩师悉心教诲，亦正是恩师德艺传承。

陈梦雷转载医案两则，即是佐证。其一，有一患者，耳聋数十日，以补药投之，竟不效，遂求鹿门诊脉，鹿门说：“此胃家火也。”患者不明其中道理，遂问：“耳属肾，与胃何涉?”鹿门道：“公未知《素问》《灵枢》耳。胃经络起某处，过于耳旁，或于食时，则聋更甚。”遂赠药一匕，即愈。其二，有一州守夫人病于疟，延请鹿门诊之，说：“此疟勿药，有喜，但过十日，当下血。”夫人听后，不悦，遂不请其方。越十日而夫人血下，复延鹿门。鹿门亦以一匕药而愈。此两则医案，令人得知，庞氏医学素养高深，医德高尚，其医术高超，“所治多获良效”（李经纬语），所载洵实，堪称一代名医高徒。

庞鹿门虽为一方名医，其生卒年，惜诸文献，皆未见载。清代卢紘，字元度，清顺治六年己丑（1649）进士，蕲州人，曾编撰地方志。其《蕲州志·卷八》载有：“庞宪，号鹿门，生万历（1573~1619）间。”《湖广通志·庞鹿门传》载：“鹿门为蕲州人，幼从李时珍学，尝助濒湖作本草纲目，传其学。”此两段史料记载，弥足珍贵。庞氏生年之考，以之佐证，实为难得。其一，确定庞氏生年之限，乃在万历年间。其二，庞氏为蕲州人，幼即从师于李时珍。其三，载庞氏确曾助李时珍编撰本草纲目。

钱远铭《李时珍史实考》，据诸史料与李时珍《本草纲目》编撰定稿、出版综合记载，以“庞鹿门12岁从师学医”为起始年，推知庞鹿门大抵生年，“应是生于万历三年，至少不会晚于万历三年”，即乙亥年（1575）。钱远铭考证庞氏生年，有一重要理由，即《本草纲目》金陵版始刻印为万历十八年庚寅，即1590年。时李时珍73岁。凡《本草纲目》金陵版参与辑书者姓氏，有详细记载，而此记载中，竟无庞鹿门之名。一者，说明庞氏只参与《本草纲目》后期整理与誊写工作。二者，时之庞氏尚正年轻，故未列入辑书者姓氏之内。确证卢紘《蕲州志·卷八》所载皆实。

万历二十一年癸巳（1593），时珍年高76岁，虽知《本草纲目》始在刻印，却未能亲见其医药巨著出版，即于此年溘然辞世。李时珍一生博学多才，无所弗觑，经史子集，天文地理，阴阳术数，农圃医药，乐府诸家，无所不通。而庞鹿门师从其学，得其严教，固其根基，且发奋学习，持之以恒，融会贯通，承其医道，其他亦兼而通之。与卢紘《蕲州志》所载正好相合：“能通五经通鉴大义，熟《素问》《灵枢》，明运气之理数，用药多奇中，袁中郎题‘医隐’二字榜其门。”

庞氏为一代科学巨匠弟子，虽未见著述传世，然助师完成巨著，且以医救人济世，闻名遐迩，世皆感之，可谓无愧于师矣。

明 顾天锡　蕲春

顾天锡，字重光。明代蕲州人（今蕲春县）。熹宗天启（1621~1627）年间为岁贡。博通经史，受知于督学董其昌[1]，

---

① 董其昌（1555~1636）：字玄宰，号思白，别号香光居士。松江华亭（今上海市）人。明后期大臣。书画家。

著有《素问灵枢直解》六卷、《针灸至道》三卷。子景星，名重海内。《素问灵枢直解》见载于清光绪十年甲申（1884）重校《蕲州志》卷之十《著述志·子部》。《针灸至道》，见光绪十年甲申（1884）《黄州府志》卷三十四《艺文志·子部》四《医家类》。光绪八年壬午（1882）刻本《黄冈县志》、光绪十年甲申（1884）刻本《蕲州志》，均有记载。光绪八年壬午（1882）刻本《黄冈县志》，亦有记载。

明 陈治道 蕲春

陈治道，明代蕲阳（今蕲春县）人。妇产科医家。鉴于女子产育知识不明，保摄无方，临产易致丧命，乃据胎产古本，参以耳目见闻，撰成《保产万全书》。此著通俗易懂，便于妇女讲论、临证医家实用。若得之，可知妊娠妇女保摄之法，临产时不致仓皇失序，亦有助于稳婆处理胎产。惜原书已佚，然《中医图书联合目录》有载。此书后得杭州钱关庶之力，将其稍加增定，易名为《绣阁保生书》，刊于崇祯四年辛未（1631）。现有此书重刊本。今李经纬《中医人物词典》，对此书亦有记载。

武 穴

明 胡献琛 武穴

胡献琛，字克忠，一字少溪。明代广济县（今武穴市）人。幼年始业医，因病来求治者，总能获效。《广济县志》

[清同治十一年壬申（1872）刻本] 载：有一饶姓秀才，病于酒，伸颈期期（说话艰难），不能一言，久之无声，诸医诊后，难辨病因，皆惊慌失措，不知何以治。献琛诊后，却说："是火在经络。"投三剂而愈。万历三十一年癸卯（1603），县内外瘟疫流行，献琛亲为制药，救活万余人。县令尚详抚按，给予冠带。其后，凡四方有求者，"不较所值，人各餍（yàn，满意）愿而去"。

明 蔡绍夔 武穴

蔡绍夔，字惟益。明代广济县（今武穴市）人。志载：其年二十余，即精通脉理。荆王患痢症，诸医无力医治，闻绍夔医名，派人延请诊治，数剂即愈。荆王赠以百金、药刀及药研，并赐额云"医冠楚黄"。自此名震一方，后过蕲州，荆王又延请绍夔，问曰："先生欲富乎？欲贵乎？"答说："富贵非吾愿，家有薄田数亩，训子孙，务农桑，足乐也。"王益重其品，令人送石磙一条，上刻"荆王赐"三字，更赐号曰"肖玉"。年逾七十，专事内养，面色如童。志载80余岁而逝。曾孙洪梧，复以医道，名传桑梓。

清

黄　冈

（含新洲、黄州、团风）

清 邱翔　　黄冈（含新洲、黄州、团风）

邱翔（约 1820~1882），字翼臣。清代黄冈人。善治伤寒。道光二十年庚子（1840）举人。邱翔长于制举文字，考试屡列同辈之前。后两度入试，居然未中，遂绝意仕进，并感叹说："身为士，遂不足康济人耶。"乃专心钻研医学。凡《神农本草》诸书，靡不尽览，后经临证检验，所治患者，皆能立愈。其医德高尚，不论风雨寒暑，抑或路险夜深，有请必往。病愈，概不受谢。居于乡，奖掖（yè，扶助或提拔）后进，尤怜恤族戚中贫苦者。据光绪八年壬午（1882）《黄冈县志》卷二十三《艺文志·著述·子部·医家类》载，邱翔撰《济世金丹》若干卷，以显业医济世活人之志。撰《伤寒辨论》二十余卷，发明仲景之蕴，以彰显仲景之学。光绪十年甲申（1884）《黄州府志》卷三十四《艺文志·子部十二》亦载其医著，并特注明，所载源于《黄冈县志》。

清 王汝兰　黄冈（含新洲、黄州、团风）

王汝兰（1841～1949），字甫祥，名宏煊，笔名者香，自称居所为松居书屋。黄冈县贾庙乡大畸山村（今属团风县）人。清末民初鄂东著名儒医。官授正七品，赐文林郎职。又为王氏族长，以教于黄冈北部各乡王氏族众。初，执教于县北部山区贾庙、但店诸地私塾。从医则遍行于浠水、罗田、麻城、新洲诸县。与当地骨科名医林新崇（炮三爹），过从甚密。新崇善外科，尤精于治疗跌打损伤及疑难杂症。汝兰通医道诸科，而尤长于内、妇、儿三科。求医者日盈其门，或达官贵富，或四乡村民。常往来于罗田、麻城数县之间。亲授门徒，亦多成名医，声闻数县。所成名医者，尤以本邑贾庙地域所传弟子为多，如棺材冲漆品朝、林家山林小梅、黄家湾罗雨花、铁冶杨遇春、新洲少潭河之王敬敷诸医，皆造诣深厚。县内黄仲宣、龙范之、孙醒民、张天纵、高秀峰诸名医，亦享誉杏林。黄仲宣深得汝兰真传，新中国成立后为黄冈县四大名医之一。今团风县人民医院名中医徐为乎，即是黄仲宣高足，是王汝兰医术再传弟子。县内另一知名中医张天纵，出身中医世家，晚年于县金锣港农场卫生所坐诊，常语其弟子，言己也是“从家父和汝兰先生那里得到一些精义传授”。

作为一方知名儒医，王汝兰具有“高深的儒学素养、宽虚的心怀、务实的探索精神”，因而对历代杏林诸家医术、医家经典著作及实验医案，均广泛研读，且自成一家。故于临证时，一经观察、推断，即能迅速了解病因、病位、病机症状，随即“对症下药而手到病除”，临床效果，如鼓应桴。

因此，在黄冈、罗田、浠水、麻城数县中，博得“神医”之誉。

王汝兰医德高尚，行医数十年，尤讲医德，常言医术即是仁术，倡导医者必怀仁心，且身体力行，付之临床实践。每遇贫困患者，辄躬行义诊，授方施药。临证时，从不夸大病情，以示医道之高，借此索取更多诊费。王汝兰为人虚怀若谷，敬重同行，如骨科医家林新崇著《讲武堂施方手》时，王汝兰将多种治疗疑难杂症有效处方相赠。林氏手本，传至杏林后学戴焕卿，再传林泉。林泉担心有失，特附《王氏医恒》书后，以传后世。

王汝兰积平生临证经验，撰成《王氏医恒》巨著。王氏著书，医旨明确，“存心医道”，故“近二十年”始成其著，旨于“有济于世”。书成以手抄本，流传鄂东民间。众医家一旦欣获，则以“经典医鉴”，常置行囊，肩负其身，游乡行医，以便临床对症研习。《王氏医恒》共11卷，涉及中医13科，于病、药、方，均逐一列出历代诸名医著述。论及疾病时，则详述病名、病因、病位、病性、病势及病机。治疗则坚持阴阳五行辨证法之间关系，即脏腑辨证、八纲辨证、病因气血辨证。医家治病处方，全凭知了药性，故王氏结合平生临证经验，参考诸家学说，于常用中药，则特作专题阐发，以便临证医家，掌握用药要领。其医著另一突出特点，广辑自汉以来数十家名医之医论、医案，包括理法方药诸记载。总结数十家名医临证心得，将百家之言，合己之所见，融为一体，而成《王氏医恒》。如齐有堂[①]《齐氏医

① 齐有堂：清代名医。撰《齐氏医案》6卷（1806）。

案》、薛立斋《薛氏医案》、陈修园[①]《四诊要诀》、李濒湖《脉诀四言诗》、柯琴[②]《伤寒论注论翼》，尚及王叔和、彭驰远、张羽皇、黄元御[③]张璐[④]喻昌[⑤]、汪昂[⑥]、蒋云吉、陈文犀诸名医家著述与医案。可谓采中医百家之长，得百家之益。

书成初稿，全以小楷笔抄。字迹清秀，语词畅达。医家徐为乎评曰："字堪为墨宝，文堪为华章。"可惜书成，时局不定，未能付梓刊行。据医家徐为乎述：《王氏医恒》真迹原存三套：王家玄孙存一套，县政协委员、县志总纂林泉老人家藏一套，余一套藏于黄冈县卫生局中医科，后不知去向。据林泉老人讲，王汝兰当年诊务极忙。林泉祖父林新崇（炮三爹）与王汝兰为莫逆之交，过往甚密。得其书时，系在京城为官之时，王汝兰亲送一套，以为家藏。林新崇精于

---

① 陈修园（1753~1823）：名念祖，字修园，又字良有，号慎修。长乐（今福建福州市长乐区）人。曾任直隶省威县知县。清医学家。

② 柯琴（1662~1735）：字韵伯，号似峰。浙江慈溪丈亭（今丈亭划归余姚县）人。其"以方名证，因方类证"做法，颇切临证实用。著《伤寒来苏集》。清初伤寒学家。

③ 黄元御（1705~1758）：名玉璐，字元御，一字坤载，号研农，别号玉楸子。尊经派代表人物。乾隆帝御医。乾隆帝亲书"妙悟岐黄"褒其学识精深；书"仁道药济"概其一生业绩。著有"黄氏医书八种"。

④ 张璐（1617~1698，一载1637~1699）：字路玉，号石顽老人。江苏苏州人。辑有《张氏医书七种》，亦名《张氏医通》。清初名医。

⑤ 喻昌（1585~1682，一载1585~1664）：本名喻昌，字嘉言。清初江西南昌府新建（今南昌市新建县）人。因新建古称西昌，故晚号西昌老人。与张璐、吴谦齐名，号称清初三大名医。著《寓意草》《医门法律》。

⑥ 汪昂（1615~1698）：字讱庵，初名恒。安徽休宁县城西门人。为新安医学名家。著有《医方集解》6卷。

伤科及疑难杂症，时有求法求方于王汝兰。林氏文武双全，擅长外伤治理。其笔案中，诸多方剂，皆出自王汝兰之手。林氏常向家人谈及王汝兰，每日前来求诊病人，络绎不绝。有时出诊，数日难返。而上门求诊者，常宿其家中待诊，数日不遇，常叹息难求。王汝兰亦自叹不能分身，内外难以兼顾。其医著脱稿之后，首以手抄本，流传门徒之间，故门人皆视为临证宝鉴，常负于行囊中，以便临证翻阅，对症施行。是以王汝兰临证医疗思想、高尚医德，影响鄂东医界，数代不衰。

2015 年 7 月，林泉老人亲自手抄《王氏医恒》一套，送团风县政协。县政协主席杜泉源，特为之召开政协文史工作会，承诺翻印，是以王氏医书，得以流传于世。王氏医学幸矣。

清 刘云湖　黄冈（含新洲、黄州、团风）

刘云湖（1883～1939），字丹阶。黄冈县路口刘树塆（今属团风县）人。近代名医。刘少时立志学医，怀良医救人为己任。初，抄书自学，历尽艰苦，读完四部经典医著，并阅读诸名医著述。后又拜祖传名医陈九香为师，得陈师悉心传授，医术渐精。

民国二十二年癸酉（1933）至民国二十五年丙子（1936），刘云湖执教于湖北国医专科学校，主讲《伤寒论》。著《伤寒论讲义》，学校列为教材。晚年结合 30 余年临证经验，总结平生学术心得，撰成《临床实验录》。尚批注医籍数十种。为杏林后学，入门有径，学有方法。

刘云湖医德高尚，凡有患者前来求治，不计路程远近，酷暑严寒，半夜三更，皆随请随到，从无怨言。无论病家贫富、地位高低，皆精心诊治。应诊不计报酬，若遇穷苦患者，慷慨解囊捐药。倘遇难治顽疾患者，或他医所弃之疑难病症者，刘云湖主动立案，专心探讨，精心诊治。是以临证经验丰富，于疑难杂症治疗，尤有心得，并深得同仁尊重。民国二十八年己卯（1939），因积劳成疾，不幸病逝。

清　汪海门　　黄冈（含新洲、黄州、团风）

鄂东眼科名医汪海门

汪海门（1898～1978），字绍贡。黄冈县上巴河镇（今属团风县）洪家楼人。鄂东现代眼科名医。幼自11岁始，入乡里私塾10年。其间诵读诗书，不知昼夜，课余喜猎群书。21岁（1919），其时正处社会动荡，国无宁日，民不聊生，遂立志学医，拜名医樊云泉为师，专习中医眼科。汪氏天资聪慧，心怀仁爱，且勤奋钻研，细心领会，故入门不久，即得师门器重。云泉辞世后，汪氏又以同门大师兄雷炳南为临证之师。临床试诊，深得雷氏悉心指导。不数年，即得师门医技，且能独立门户行医。

1923年至1955年，汪海门曾先后于黄冈县洪家楼、上巴河镇，开设中医眼科诊所，悬壶应诊。临证仔细，勤积累，善探索，医术日趋精湛。凡来求诊病人，皆能细心医治，故医名远扬，颇受四乡敬重。1956年，受黄冈县人民委员会聘请，始任上巴河卫生院中医眼科医师。自此，汪氏更尽职眼科医业，每日应诊不暇。因医术精良，眼科各种疾病，皆能对症下药，且能施行手术治疗，故求治患者，愈来愈多。据《黄冈县志》载："仅1973年治疗眼病患者达一万多人次。"（《黄冈县志》，1990年）

1972年后，汪海门多次参加省、地、县科技大会。其学术见解与临证经验，深受省内外眼科专家重视。1974年，经省卫生局提议，由黄冈县卫生局组织专家方原超、付汉晖两位主任医师执笔，整理《汪海门眼科临床经验》一书，由卫生局领导张庆岚负责审定，于1976年春完稿付印。初以内印本发行。本书突出特点：中西医合璧，集眼科疾病之大全。全书按西医病位分为十大类，每一类之下，再按中医疾病名称分类。此分类方法，尤其便于临床读者检索。全书共记载眼科疾病40余种。每一类病证，既有西医症状描述，亦有病因病理阐释。同时，又按中医理论辨证分型并辨证用药，且每一证型，尚有案例可参。故该书于中医、西医眼科，极具临床指导意义。1978年，汪海门因患脑溢血，不幸辞世，享年80岁。

2013年，"黄冈历代医药名人研究"立项获准。2014年10月，《〈汪海门眼科临床经验〉校注》完成，为其成果之一，由学苑出版社出版。知名学者付国英、陈辉先生任责编。黄冈职业技术学院校长陈年友教授特为作序，高度评价汪氏德高术精。书前撰有《汪海门先生传》，全面阐述汪氏生平梗概、学术思想及医学传承。书末附《汪氏家族世系表》，弥足珍贵。

汪海门专于眼科，行医50余载，苦心钻研探索，其临证经验，积累丰富。且基于临证实践，建立其学术思想。祖国医学认为，眼之所以能视万物，辨五色，主要依靠脏腑精气濡养，而脏腑精气，又赖于经络运行而上荣双目。汪氏根据眼与脏腑经络间密切联系，创立五轮学说。并以此基础理论为前提，紧密结合脏腑学说，应用局部与整体相结合、辨病与辨证相结合方法，指导临证实践。

汪氏认为：治病必先明其病因。并据眼科发病性质，归纳病因有四：一为外感六淫之邪，二为脏腑经络失调，三为外伤性损害，四为先天与衰老及其他疾病继发。基于此四者致病因素，汪氏于临证实践中总结经验，认为尚有三点，必须重视：其一，外眼病固然多系外感六淫而发病，然临床所见，尤以风火为病者偏多，故须重视外因风火为患。其二，内眼病，虽属脏腑偏胜偏衰而发病，然临证所见，以肝肾阴虚者居多，故于肝肾功能失调者，尤宜重视。其三，脾胃乃后天之本，为气血生化之源。脾胃健运则精微上布，健运失司则诸疾丛生，故于脾胃健运失司者，尤宜注意。

辨证准确，为施治前提。汪氏据外因多属风火、内因多属阴亏特征，要求不宜拘泥陈规，应施以相应治疗原则。治疗外眼病，大法应以破散为主。若证属风邪，法当疏散为先。若证属火邪，又当散中寓破。若火热炽盛，应与清法或下法相配伍，倘若病情尚轻，则“宁可服十剂破散之药，不可投一剂寒凉之品”。若偶因投寒凉油腻之品所滞，仍应以破散消滞之药，以纠偏而扶正；倘若凝滞难解，则取其火郁发之。治疗内眼病大法，则以滋补为主，取其壮水，以制阳光。

概之，汪氏治疗眼病基本原则为：一散、二破、三补。三者之间，既有独立性，然于复杂病变之中，彼此又相互为用。如外眼病后期兼见阴虚者，应予疏散之中，稍佐滋阴。内眼病复感外邪者，又可在滋补之中，兼施疏散。故此，临证运用散、破、补三法时，既须掌握其原则性，亦须掌握其灵活性，而尤忌陈规不变。此可为汪氏眼科临证精髓。

汪海门一生所愈患者，数以万计。治愈病人，遍及鄂东罗田、黄冈、浠水、英山、蕲春、鄂城、麻城诸县。至今鄂东一带，仍流传汪氏治病救人许多事迹。凡经他治愈患者，无不为汪氏德高望重、医术精良而由衷生敬。

清 胡树人 黄冈（含新洲、黄州、团风）

胡树人（1909~1994），原名开建。生于清宣统元年己酉二月二十三日。湖北省新洲县（今武汉市新洲区）三店区柳溪村人。

胡树人出身中医世家。伯父胡崇如，博通儒学经典，为清末宣统元年（1909）己酉科拔贡。父胡颜仙，承继家传，业医乡梓，曾任教湖北国医专科学校，颇有名望。胡树人7岁即从伯父私塾，后随父学医，历数年，凡《素问》《灵枢》，皆能默之可诵。诗词曲赋，亦能通达。民国二十三年甲戌（1934），考入湖北国医专科学校深造，两年后返回故里，悬壶应诊，名声遂远。

胡树人秉性忠直不阿，事业心强，进取不怠。平生以笃学自勉，博览群书，采撷诸说，解旧惑，录新知，日复一日，寒暑不辍，奠有深厚医学根基。新中国成立后，曾于1952年，任新洲县卫生协会秘书。1956年至1964年，任黄冈专署卫生科中医科员。1965年始任教湖北省黄冈卫生学校，主讲《黄帝内经》《伤寒论》《针灸学》《医古文》诸课。1981 年，晋升副主任医师，1987 年聘为主任医师。

胡树人治学严谨，知识渊博，有“活词典”之誉。早于《中医杂志》（1959 年第 6 期）发表论文《关于营卫的争鸣》，于营卫之说，阐述新见。其后撰文 20 余篇，12 万余言，载入《胡树人文存》。尚编撰译经巨著《内经直译》，83 万余言，续有姊妹著作《六十六难解》，3 万余言。皆树人晚年亲手以钢板镌刻，以油印本赠人。印数不过百本，迄今惜皆尽失。

《六十六难解》著成，1982 年曾将前 24 篇，寄送著名语言学家、武汉大学教授黄焯先生审阅。黄老阅后，复函赞曰：“手书及内经难题解 24 条，如第七条谓‘迫近’为‘迫连’之误；18 条“盛”字，应读平声诸说，皆确切不可易。佩甚！佩甚！”胡树人于经典研究有素，卓见灼然，给后学启迪良深。

胡树人先生晚年，与名医金力芸先生同住学校，且同居一室，生活相互关照，谈诗论文，切磋技艺。1992 年，二老各归故里。金力芸先生返英山县金铺镇。胡树人先生返新洲柳溪。1994 年，树人先生逝于故里新洲柳溪。

清　陈继谟　　黄冈（含新洲、黄州、团风）

陈继谟，字五彝。清代黄冈县人。据《黄冈县志》［清光绪八年壬午（1882）刻本］载：陈继谟学问博洽，却屡试不遇，遂弃科举，一心专于医术。陈氏诊治疾病，多有奇效，是以名闻京师，由太医院荐举，授八品吏目。六年后，以亲老之由告归。继谟秉性敦厚，孝敬双亲，善待兄弟友人。其行囊甚丰，归至故里，即尽散诸兄与友人。据道光二十七年丁未（1847）《黄冈县志》卷十一《人物志·方技》载，陈氏生平著述甚丰，时值所居滨河水涨，毁坏其居，幸存《陈氏医案》一书传世。凡业于岐黄者，皆奉是书为准绳。

清 易时泽、易时范 黄冈（含新洲、黄州、团风）

易时泽，字汝悦。清代黄冈县人。志载：其父为泰，有传。时泽，邑诸生，与从弟**时范**，同拜黄冈名儒李之泌为师学医，且皆得其师真传而精于医术，时称“二易”。后二易既老，黄念贻、何子康、欧斯万、许承生，皆以良医闻名于时，且皆李之泌门人也。故黄冈医学，独称师授，过于他邑。此皆得益于之泌之传也。

清 胥秉哲 黄冈（含新洲、黄州、团风）

胥秉哲，字匡生。清代黄冈县人。《黄冈县志》《黄州府志》均有记载。述其自幼秉性颖异，勤而善学，终博通书史。其祖辈世代业医，至秉哲尤精于医道。秉哲为广见识，精其医术，曾游吴会（今浙江、江苏一带）、燕（今河北一带）、豫（今河南一带）间，旅途中每遇沉疴患者，投剂即愈。有徐某妻，孕而染疾，延请秉哲前往诊脉，诊后说：“倏隐倏见，尺中有神，非症非瘕，结为狐形。”以药投之，果产异物。有中丞夫人病危而已就木，适值秉哲至，观其色，以为可活，乃药于棺木中，须臾闻夫人声息，竟获再生。其诊治患者，神效大多类此。又有王方伯之女，患痘已死，秉哲视之，说："生气犹存，可活。"即施药救之，患儿即起。据乾隆十四年己巳（1749）《黄州府志》卷十四《方技》载，胥氏著有《诊法精微》等书。后徙居江夏。

清 易洪周　　黄冈（含新洲、黄州、团风）

易洪周，原名德溥，以字行。清代黄冈县人。《黄冈县志》《黄州府志》均有记载。述洪周博涉群书，精岐黄医术。雍正七年己酉（1729），怡贤亲王以疾征之，进药立效。世宗帝召，授礼部主事。志载年71岁，逝于官。雍正（1723～1735）时，蕲水（今浠水县）人周廷楹与洪周同征。廷楹有至性，以葬亲乞归，然两人于蕲黄间，时医名最著。

清 谢殷　　黄冈（含新洲、黄州、团风）

谢殷，字怀仁。清代黄冈县人。志载年十六补弟子员。母病，祈祷而愈。曾说："是不可恃，为人之子，当知医道，通晓医术。"是以殚精竭虑于《灵枢》《素问》及诸家医书。一生临证诊治，救死扶伤，奇方异验，所活者难以数计。府县诸官，皆加礼敬。《黄冈县志》［光绪八年壬午（1882）刻本］载，某年，邑遇大疫，人患头肿足腿，谢殷出二千金，购药为丸，以广救治。其仁医之名益盛。平素诊费有所获，即悉施以药物。乡民深感之。有诸生澄、廪生醇，皆谢殷曾孙。

清 贺泽璜 黄冈（含新洲、黄州、团风）

贺泽璜，字美玉。清代黄冈县人。志载：因慈母年迈多疾，遂弃儒业，潜心伏读《黄帝内经素问》诸医书，积年累月，遂精于医理。据载，蕲邑有一熊姓患者，身患重病，遍请诸医，医皆辞而不治。患者夜梦一老叟，告之，若得白磙先生，此病可愈。有亲友告知患者：黄冈有名医贺泽璜，嘱其拜访，延请医治。后访得贺泽璜，病果得以痊愈。白石磙，乃贺泽璜为乡邻呼之俗名。

清 童瑾 黄冈（含新洲、黄州、团风）

童瑾，字建三。清代黄冈县人。志载：初，学米元章[①]书法，后遇异人，授以医方脉诀，遂习医十年，乃敢视病。曾有人于三伏期间，患上寒疾，穿三缊（yùn，丝棉，碎麻）袍，竟不出汗。瑾诊其脉，说：且褫（chǐ 脱，解衣）其一，少顷，又脱其一；须臾，尽脱其缊袍。问："冷否？"病者说："不冷"。遂一药而愈。人皆以为奇。童瑾诊病，亦从不计值。常言："医道，乃仁道也。今为医，当以仁道为先。"人皆感之。

---

① 米元章：即米芾（1051~1107），初名黻，后改芾，字元章。祖籍山西，迁居湖北襄阳，后曾定居润州，即今江苏镇江。北宋书画家，创立"米点山水"，与蔡襄、苏轼、黄庭坚合称"宋四家"。因个性怪异，举止癫狂，遇石称兄，人称米颠。宋徽宗诏为书画学博士，又称米襄阳、米南宫。

清 程之骅 黄冈（含新洲、黄州、团风）

程之骅，字仲超。清代黄冈县人。志载：之骅秉性沉静，精于医术。养生得运气之法，调息月余，能于暗室中视物如昼。暮年，自知命将竭，卒之前，沐浴端坐，若前知然。有子启厚，孙丰邱，皆以医术，世其医业，弘其医德。三世为医，治病救人，皆以医闻名于乡里。惜无著述记载。时有樊明睿、吴世达，皆以医闻名于时。

清 洪植杨 黄冈（含新洲、黄州、团风）

洪植杨，字豫高。清代黄冈县人。志载：植杨自幼勤研《内经素问》诸书，深谙医理。诊治诸病，常有奇验。曾遇一人，大笑脱颏（kē，俗称下巴颏），口张不可合，遂前往求治。植杨乃置食于案，让患者以颏承之，之后，持斧击案，案动颏合，病顿瘳。洪氏治病，善于精思，大多类此。洪家富足，制药从不计药价昂贵，所遇贫富，一律施治，不取药费。人皆感其厚德，远乡近邻，闻而皆敬。

鄂 州

清 熊煜奎 鄂州

熊煜奎，清代名医，字吉臣，号晓轩。湖北武昌（今鄂州市鄂城区）县灵一里人。约生活于清道光、光绪年间（1821~1908）。为诸生。

熊煜奎自幼喜读诗书，涉猎广泛，积学丰富。后因慈父逝世，家计日益艰难，乃检伯父惺斋所遗医书，勤习十余载，遂渐通医术。每有上门求医者，不论邻里，抑或远地来求治者，不分寒暑朝夕，皆盛情接待，细心诊断，供以药物、膳食，且多不收费，倾心诊治。据载，熊煜奎平生乐善好施，“家有斗米，助人八升，以为快事。”其品德之高，深为人敬。若遇贫病交加者，辄赠药饵。病家无不感激，遂医名远扬。熊氏晚年，家贫益甚，仍怀乐善助人之心，终生不改。远近闻其名，无不敬仰。

临证之余，熊煜奎潜心著述，是以平生著述甚富，惜诗文集，大多散佚。熊氏素怀济世之志，平日留心采集古人格言，欲编以诲人，集有《训典采要》八卷、《训典采要续编》五卷行世。有《经世新书》二卷、《寿世文约》二卷、《中兴闻见录》二卷，均行于世。

熊煜奎耽于医学，成就颇著。时江右临川（今属江西）有名医戴旭斋，少时博览经书，以为时艺之学，无补于世，遂取古代方书，精心研习。于同治（1862~1874）年间，流寓湖北蕲春茅山镇，行医之余，潜心著述，于同治十年辛未（1871）撰成《伤寒正解》四卷。熊煜奎获睹此书，赞赏不已，称此书“章法文法之妙，引人易入。非但可以示医学之简易，并可以广医学之流传。”受戴氏影响，熊煜奎遂不分昼夜，钻研医籍，仿戴氏之作，于当年辑成《医学源流》四卷，列“玉函演义”“灵素引端”“灵素秘旨”“金匮典要”诸篇，各卷载有医论，简明通俗，易于中医入门者学习。后又于次年（1872）集成《方药类编》四卷，阐述药性补泻及气味宜忌辨似，按证列举治方，采摘历代医家论药精要。

熊煜奎又将此二书，合刊为《儒门医宗总略》一书，分前后两集。据余彦文《鄂东著作人物荟萃》载，熊煜奎尚有《寒热条辨合纂》八卷、《儒山医学》（《湖北医学史稿》载为《儒门医宗》）二卷，亦行于世。熊煜奎曾刊《卫生便方》（一作《救急良方》，一作《急救良方》），惜今未见。后又编《儒门医宗总略》续集，计有“四依汇要”“寒热条辨合纂”“医学心悟摘录”“张氏育婴心法附翼”，亦未刊行，甚为遗憾。

清　朱庆甲　鄂州

朱庆甲（1831~1895），名世诚，号长卿，别号凑趣山人。清武昌长岭（今湖北鄂州市境内）人。生于清道光十一年辛卯七月十八日，逝于光绪二十一年乙未十月初四日。拔贡生，加知州同衔例授儒林郎。曾于光绪十一年乙酉（1885）参与编修《武昌县志》。《鄂州人物》（武汉大学出版社，1993年）、《鄂州市志》（中华书局，2000年）、《鄂州中医志》（湖北科学技术出版社，2006年）均载其传略。

朱庆甲出身诗书世家。祖晶池，父锦村，皆为名儒。庆甲幼秉庭训，才思敏捷。祖传典籍，皆藏锦村书舍，庆甲学于斯处，终日不知下楼。尝有诗记之：“市郊春雨后，草色映窗棂。曲水环楼碧，横山隔岸青。轻弹琴韵雅，浓袅篆烟馨。深巷行人静，时闻诵六经”（《西长岭诗词选集·朱庆甲》）。

朱庆甲交游广。其时不少名流，多与交往。如大冶状元洪传之，本邑符石乡同里内阁中书张裕钊[①]，本邑灵溪乡翰林院庶吉士、浙江巡抚土税大臣柯逢时。朱庆甲通于医，张裕钊家属患病，每请庆甲医治，并亲书对联、条幅相赠。与本县林懋修（为光绪年间举人林仲镛之父）、大冶县曹林（别号山公），为莫逆之交，曾与一同游学。后三人义结金兰。柯逢时于清光绪十一年乙酉（1885）主持编修《武昌县志》，朱庆甲为编修之一。

柯逢时好医药，喜收藏珍本医籍，晚年创办《武昌医馆》。朱庆甲为邑中儒医，年长于柯逢时，故柯虽为朝廷重臣，然尤敬庆甲。时庆甲行医长岭街，创办大生堂药局。柯逢时于修志期间，下访民情时，曾特至长岭街，造访庆甲。并对庆甲创办药局，造福乡梓，多有赞辞。

朱庆甲16岁时，患足疾，延医诊治，愈治愈剧。群医束手。庆甲痛苦莫名。卧榻间，取先世所遗方书，广置床头，病缓时随手翻阅。偶见某书，有伏热伤筋一证，恍然大悟。回顾平日所服方药，三年来约有数百纸，非散即补，非燥即温，断其非徒无益，反受其害。遂取凉血泻火药服之。是夜，病痛稍减，谓得竖子巢穴矣。遂据证自拟药方，调治半载，其病乃愈。深为慨叹，医者性命攸关，因不知医，一误再误，几成废人。而世人患病未获良医救治者，不知多少，是以矢志学医。为集中精力，专心攻读医书，凡医外诸书，任其尘封。庆甲为人正派，豁达开朗，幽默风趣，同情

---

① 张裕钊（1823~1894）：字廉卿，号濂亭。湖北鄂州梁子湖畔东沟镇龙塘村张家湾人。晚清官员。散文家、书法家。其文为曾国藩奇之，与黎庶昌、薛福成、吴汝纶，合称“曾门四学士”。其书法独辟蹊径，融北碑南帖于一炉，世称“张体”。康有为誉之“千年以来无与比”。

民生疾苦，憎恨朝政腐败，因此淡薄功名，更专心于医，坚定济世活人之志，并认为，医学精深，“非精心者不可学，非恒心者不可学，非虚心者更不可学。”三十余年，精勤不倦，遍览群书，有所得，即笔记之，至老弥笃。晚年积平生所得，撰《医学入门》[1] 八卷，《伤寒辨论》十卷。

朱庆甲学验俱富，凡有病者延之，不辞劳苦，皆应病家之急，亲往诊治。为解医药合一之难，创办大生堂药局。药局从小而大，成当地有名药局。为确保疗效，强调药物质量，辨识药物真伪。重视药物炮制及药物煎煮法，主张药必亲验。因救人危急，疗效卓著，名播鄂东南，人赠“是乃仁术”金匾。

朱氏精研《内经》《伤寒论》，后世诸多医家著述，亦广涉猎，并有独特见解。确认《内经》为医学渊薮，《伤寒论》为论治准绳。所著《医学入门》，凝注平生学术所积。临证必以《内经》为指导，认为临证之时，若“气血不分，阴阳不察，经络不辨，脏腑不明，以及天时地气，不逐一推测，徒以粗浅简便杂方，诵之于口，遂诊为医家捷径，所谓庸医杀人者，恐不免也”。并据《内经》病机学思想，强调治病必求于本。指出“治病不求其根据，则心无主见，何以开方？愚每见今之医生，问一病即开一药，又问一病即添一药。不管药之配合，不思病之由来。以药试病，又何怪药愈进而病愈加乎？”摈斥医者，不讲求辨证，不知药物组方配伍，而以药试病，诚为浅工陋习。

---

① 《医学入门》，清代朱庆甲撰，人民军医出版社出版时，易名《中医入门》，2016 年。

朱氏于《内经》伏气学说，颇有心得，指出："冬伤寒，春伤温，夏秋伤暑湿，此四时正病也。然夏秋亦有伤寒伤温者，乃四时之客气，所谓异气也。"至于经述"春伤于风，夏为飧泄；夏伤于暑，秋为痎疟；秋伤于湿，冬必咳嗽""冬伤于寒，春必病温"，此又系伏邪过时发病，即后世所谓伏气病也。张仲景《伤寒论》曰："伏气之病，以意候之。今月之内，欲有伏气。"又曰："中而即病者，名曰伤寒。不即病者，寒毒藏于肌肤，至春变为温病，至夏变为暑病。"其所论，即《内经》"冬伤于寒，春必病温"之伏气经义。此种变生之伏气温病，较之时病，危害重笃，治需详察，以免误治。其重视伏气致病学术观点，于后世影响深远，逐渐衍成内伤伏气致病学术流派。

朱氏注重人体阳气保养，认为"阳气者，寿之根也"。经长期观察，发现人头部不畏冷者，常多高寿。反之，头部常畏冷者，必不寿。何者？"头为诸阳之会"，阳气不足者，故头畏冷，足见人体阳气重要。故此，朱氏临证时，尤为注重扶助人之阳气。认为："人身以阳气为主，阳气即真火也，世未有内亏真火，而能永年者。故古人云：偏于阳者多寿。"实际诊治中，强调宜因人而异，不可一味补阳。即使补阳，亦应阴中求阳，宜本阴阳互根之义。

人体之气与血，以气为主。朱氏认为，人体"气盛则强，气虚则衰，顺则平，逆则病，绝则死"，故《内经》有"百病生于气也"之论。鉴之于此，临证时，注重调节气之盛衰，虚则补之，实则泻实之时，不伤正气。这一思想，常贯穿治方与用药之中。

朱氏临证，尤注重结合鄂地气候具体境况而施治。如论暑暍之症，正值“暑暍之时，地多潮湿之气，兼之烈日如火，遇大雨时行，一股上晒下蒸之气，体弱者触之，皆能为病。世人拘于暑伤气之说，以生脉散清暑益气诸方，统治暑天杂症，故多犯闭火添薪之失。据愚试验以来，虚者固宜兼补，然必察其本年之时气，或湿重，或热重，随症用药，方可回春。不然，刻舟求剑，亦未必不为圆通者窍笑也”。既重视病者具体情况，亦结合天时气候、地域环境诸多外在原因，而后施以诊断，灵活运用多种治法。此正是《内经》整体治疗观，灵活体现于临证。医家临证，宜因人、因时、因地而制宜。

朱氏治病多奇效。据朱氏临证医案载：尝治一症，鼻流清水如注，诸医皆以为寒，服温热药而流益甚。愚见其唇舌皆红，小便带黄，此必金被火灼，所谓金见火则化而为水也，投以清金泻火之药，一剂而愈。曾治一妇人交肠症，小便出粪，大便出尿，以凉血泻火之药，大剂连服而愈。认为此症是“大肠与膀胱相依处，因伏火搏结，溃裂成漏，故粪渗入膀胱”所致。又尝治一女，眼前视物有影，如龙蛇形，四周有水泡。愚曰：此必疾邪为祟，用八味逍遥散加贝母、天花粉数剂而愈。

朱氏医德高尚，深为人敬。创办大生堂药局，以活人为重，不以营利而计，故极重视选购道地药材，遵古炮制。不惜重金礼聘经理、药师。精制饮片、膏丹丸散。分工严格，各自把关。凡大生堂药局之药，必以信誉为重。为人治病，从诊疗到配方煎药，必一以贯之。如谓“旋覆花枇杷叶有细毛，包煎方妥。毛难刷净，须用绢包煎，绞汁服。不然，恐毛入喉，反令人咳”。又云：“栝蒌仁原有油脂，必用时捣研，久存者则服之作呕，油霉气坏”。指导药工，必依法办理。乃至对患者饮食宜忌，亦要详细叮嘱。如谓“南瓜助胀壅脾，茄子动风发疾……螃蟹咸寒散血通经，多食必败胃生风，患风疾者终身忌之，忌与柿子同食。胡椒快膈能止寒疼，而阴虚血热者不宜。”（引文皆载《医学入门》）于医于药，以济世活人为重，凡三十余年，未尝偏异。延及后世，恪守不废。其子彝亭、孙瀛洲、曾孙英航、五世孙祥麟、六世孙寒阳，皆世其业，代有弘扬。

清 柯逢时 鄂州

柯逢时（1845~1912），亦名益敏，字逊庵，一字懋修，号钦臣。湖北武昌灵溪（今属大冶市灵乡镇）人。肄业于武昌江汉书院。清光绪九年癸未（1883）进士，点翰林，改庶吉士。光绪十二年丙戌（1886），任翰林院编修。后历官陕西学政，广西、贵州、浙江巡抚等职。至晚年，致力校刊医籍。与学者缪荃孙①、杨守敬交往甚密。相互交流医书善本，共商影刻校补诸事。设立武昌医馆，收学生四十余人，其中数人曾参与校勘医籍。光绪三十年甲辰（1904）起，历时八载，相继刻成《武昌医学馆丛书八种》86 卷，计《经史证类大观本草》三十一卷、《大观本草札记》二卷、《本草衍义》二十卷、《伤寒论》一卷、《伤寒总病论》六卷、《类证

---

① 缪荃孙（1844~1919）：字炎之，又字筱珊，晚号艺风老人。江苏江阴申港镇缪家村人。精于金石碑帖、版本目录之学。中国近代藏书家、校勘家。誉为近代图书馆鼻祖。1914 年任清史总纂。

增注伤寒百问歌》四卷、《伤寒补亡论》二十卷、《活幼心书》二卷。诸刻本多为宋元人所著医方本草。《大观本草》曾以《政和本草》校勘数十遍。《大观本草札记》，为其校书后记。时安徽经县人翟展成，主襄其事。时刻书严守“以不校校之”原则，明知其误，亦不刊正，故校记之书，字数常与原书相等。而柯逢时一反斯风，所作校记，简明严谨，颇受后人重视。

柯氏一生喜著书、刻书、藏书。曾校刊《宋本玉篇》，先后参与修纂《湖北通志》《武昌县志》《应山县志》。晚年曾刻《常山贞石志》诸书。藏书达数万卷，有《四库全书》未进呈钞本元、明小说集800余种。1912年退居湖北汉口，闭门养病至终。

清　朱彝亭　鄂州

朱彝亭（1852~1922），原名敦伦，字叙五。庆甲次子。清武昌长岭（今鄂州市境内。长岭，古称游家林）人。从九品职员，生于清咸丰二年壬子五月十四日，逝于民国十一年壬戌元月初五。编有《大生堂膏丹丸散方秘录》传世。

朱庆甲有二子。长子英年早逝。彝亭为次子。庆甲因失子之痛，待彝亭稍长，因人而教，嘱学经商。然家学熏陶，彝亭心向学医。其父不允。谓医道精深，非有恒心精心虚心者，不可轻易学得，否则，即为庸医杀人，恐不免也。然彝亭崇医之志不改。每偷空闲，窃于柜台屉内，抽出医药方书观看。一日为账房先生所见，告其父。庆甲斥之，后问所读何书，乃成无己《注解伤寒论》、陈修园

《医学三字经》及汪昂《医方集解》诸书。问其内容，应答如流，诸多原文，竟能背诵。其父大惊，悯其心诚，允其弃商学医。自此彝亭学医甚勤。三年后随父侍诊。不数年，尽得父传。

彝亭视病，以阴阳为纲，首重人体阳气。诊治以八法为纲，尤重祛邪。祛邪又以汗、下两法为长。汗下两法治病，源于《素问·热论》，所谓“其未满三日者，可汗而已；其满三日者，可泄而已”，用以治六经伤寒。其后，至宋金张从正[1]，善用汗、吐、下三法，并扩大汗法运用。认为凡风寒湿邪气，存于皮肤间而未深入者，皆可用汗法逐邪。其所治病，除表证外，尚扩至治飧泄、惊风、破伤风、狂、酒病、痹证。至彝亭用汗法，除秉承《内经》、张仲景、张从正，用以治上诸病外，尚承孙思邈、李东垣辈，诸如治水肿、黄疸、怔忡、痰饮、内伤郁火、中风乃至妇科、五官、跌打损伤诸证，风寒湿邪，无论在表、在经、在脏、在腑，皆有应用汗法（汗药，即东垣所称风药）之病机，从而扩大其应用范围。而彝亭用汗法，则严遵其父之戒，如脉沉细数、阳虚者，不可发汗。足冷脉微者，不可汗。脉伏者，不可汗。尺脉迟、营弱血少者，不可汗。疮家气虚者，不可汗。淋家、汗家、亡血家、津液不足者，不可汗。腹中脐旁上下有动气、筑筑然动者，不可汗（朱庆甲《医学入门》）。据证必用时，亦要配以温阳、益气、滋阴、养血诸法，权衡制宜，

---

① 张从正（1156~1228）：字子和，号戴人。睢州考城县部城乡（今属河南民权县王庄寨乡吴屯村）人。宋金医学家。为攻邪派创始人。著有《儒门侍亲》。

以保无虞。

至于下法，先贤不独外感热病邪气入里者应用，即如内伤所致脏腑气血痰食壅结者，皆适证而施。如张仲景治腹满食滞、治虚劳肌肤甲错、治湿热黄疸、治悬饮、治结胸、治胁痛、治蓄血、治肠痈、治痉病诸证。彝亭除继医经大法之外，尚推崇张从正用下法，极赞其“陈莝（cuò，莝草，铡碎之草）去而肠胃洁，癥瘕尽而营卫昌”（《儒门事亲》）之语。认为病至极期，每每邪气亢盛，治则必挫其锐气。此时大积大聚，若不逐之，不足以存正。邪去则正安。基于此，彝亭临证用下法，诊治诸多疑难重病，常获奇效。然临证运用下法时，亦严遵家父之训。如脉浮大者，不可下，浮大为邪在表。尺脉弱涩者，少阴阳虚不可下。脉虚数者，血虚有热，不可下，下之则热邪入里。脐上左右有动气者，不可下。阳微不可下，下之则痞硬。四肢厥逆者，阳虚也，不可下。恶水者，不可下，下之则里冷，不嗜食，完谷出。伤寒胸满者，不可下。疡疮及诸病目赤，乃阳气怫郁在经，宜表汗以去之，不可下。虚家不可下（《医学入门》）。诸如此类，临证之时，不可不知。张仲景曰：“脉数而滑者，实也，此有宿食，当下之，宜大承气汤。”彝亭认为：宿食即是伏邪，仲景用大承气汤下之，乃速祛邪之意。故无论风寒暑湿外感邪气，存于皮肤间而未深入者，或内伤所致脏腑气血失调、产生之气血痰食壅结者，其未发生病症者，皆可视为伏邪。或汗之，或泄之，邪去则正安。祛邪宜务尽。

朱氏辨证精审，用药娴熟。临证诊治，病之预后变化，常有先见之明。曾遇一壮妇，患雷头风证，势颇危急，请彝亭诊治。彝亭断为风痰火热壅于太阳、少阳，治应祛太阳之风痰，并清泻少阳火热。处方施药后，告诉病家，谓此病可愈，然日后恐无生育。病家述已有三孩，但求救治，不论生育。药后病愈，数年间，果未再孕。询其故，言妇之病，发于月经刚净，处方中有龙胆草、川黄柏诸苦泻之药，盖以经后血海空虚，药虽对症而用，然必有损肾阳真火之弊，因病急，实不得已而为之。

朱氏胆识过人，方简量重，人或疑之。彝亭言先父庆甲尝教曰："攻下之剂，须适事为宜。如邪盛而剂轻，则邪不伏。邪轻而剂重，则伤元气，不可不审也。"并说："愚尝治一症，病家嫌其药味太重，请轻之。"愚曰："譬如得一捆柴，煮一锅米，用大柴煮之，烧柴不多，而米熟矣。若以柴劈细，缓缓煮之，柴尽而米尤未熟。优柔养奸，吾不为也。病家遂信以为然，尽剂而愈。若病轻药重，损伤脾元，又必有前门驱虎，后门进狼之失矣。"（《医学入门·药必称病》）彝亭继父遗风，治病每多奇中。因彝亭排行其二，故人尊称朱二爹。彝亭一生忙于诊务，活人甚众，寝食无宁日，故未遑著述，至晚年集成《大生堂膏丹丸散方秘录》。友人悯其劳苦，赠雅号曰憔悴先生。病家赠以"经纶寿世"金匾。

自庆甲创办大生堂医药业，至彝亭时，声誉日隆。为应民众之求，彝亭于大冶县保安镇杜家巷，复设分店，聘请专人经营，以解一方病人舟车劳顿之累。临证则由其子瀛洲接待。彝亭往返长岭、保安两镇之间，直至去世，分店营业乃止。

清 朱瀛洲　鄂州

朱瀛洲（1881~1950），名厚泽，一名济时。彝亭之子。武昌长岭（今属湖北鄂州市境内）人。为国学生①。生于清光绪七年辛巳六月二十八，逝于1950年2月2日。遗有手稿《医醇賸义方歌括》《朱瀛洲医案》。《鄂州市科技志》《鄂州中医志》《鄂州市卫生志》，均列有传略。

瀛洲幼承家学，性聪颖。祖父以“秋风”为题试诗，乃吟曰：“秋风鸿鹄志，万里搏云天。”时人赞之。及长，为国学生。时值清廷腐败，列强入侵，国家渐向衰落。故出学即继先人事业，受其父指导，研读王冰《黄帝内经素问注》、成无己《注解伤寒论》、徐大椿《神农本草经百种录》诸书。未久，即能背诵《内经知要》、伤寒397法及祖父《医学入门·汤头约选》，且熟读《金匮要略》。及至壮年，私塾张介宾，精读《类经》《景岳全书》。赞其学问渊深，注解《内经》，多所发明，论病注重从源及流，且多有创见，善用温补。中年后，喜读温病家著作，如《临证指南》《温病条辨》《时病论》诸书，尤喜费伯雄②《医醇賸义》。朝夕研读，并将其方，编成歌诀，以便诵记，久之集成《医醇賸义方歌括》四卷。

瀛洲青年即主理大生堂药局，协助其父，于大冶保安镇

---

① 国学生：清沿袭前朝国子监旧制，为最高学府。至光绪三十一年乙巳（1905）始废，改立大学堂。

② 费伯雄（1800~1879）：字晋卿，号砚云子。江苏武进县孟河人。为费家世医第七代。医名闻于大江南北。曾先后于道光朝为太后、道光帝治病。著《医醇賸义》《医方论》《怪疾奇方》《食鉴本草》。

开设大生堂分店。1935 年（民国二十四年乙亥），携弱冠四子英航，至汉口民族路青莲巷 14 号挂牌行医。开业时，邻近仁仁堂（后更名同仁堂）、陈天保、陈太乙诸大药房，皆来致贺。开业不久，“朱先生医术高明，药到病除”之誉，不胫而走，至青莲巷求医者渐多。鉴于此，瀛洲又于大夹街华丰布店旁另设诊所，颇受大夹街叶开泰大药店欢迎。因治愈汉口书局经理胡钟泉沉疴，胡特制印有“仁术”隐字，白纸红字“世医朱瀛洲处方笺”数千张以赠。一时门庭若市。1937 年（民国二十六年丁丑），日寇侵华，抗战爆发，武汉局势日益危急，瀛洲携子归大冶长岭。

朱氏感念乡人艰难，特购马一匹，请人饲养。有病家请出诊，则骑马代轿，赢得诊治时间，亦减轻病家负担。遇有急证，快马即至。有病家购药，亦可借马，加速往返时间，全为患者着想。1928 年（民国十七年戊辰），县内外瘟疫流行，患者始头痛，心胸烦闷，继则手足麻木，喉塞口噤，随之吐泻交作，心腹疼痛，不能转侧，一二日即有性命之虞。其时，由蒲圻县新店镇永福寿庙，传来一救治瘟疫方。瀛洲观之，方药颇合法度。乃依法炮制成药末，并兼备生绿豆浆及生姜汁，用以馈人，不收药费。虽耗药材甚多，然活人甚众。

1944 年（民国三十三年甲申），瀛洲夫人及长子黻华先后去世。其时当地土匪猖獗，大生堂药局亦遭劫难。有廖部匪者，破门而入，药物洗劫一空。瀛洲已至暮年，回思昔日盛况，面对眼前情景，不禁老泪滂沱。为重整药局，瀛洲再筹资金，重购药品，即如贵重之药，如人参、羚羊角、安宫牛黄丸、至保丹、紫雪丹诸救急之品，亦少量购进，用完即随时遣人至汉再进，以备济人危急。直至1950年春，瀛洲中风病卧床榻，言翌日即去。子喂以参汤，不肯喝。果于次日清晨辞世。遗《朱瀛洲医案》手稿。人赠“著手成春”金匾。

朱氏认为：人具有生机活力，全在脏腑功能协调，而脏腑生理活动正常，全赖所藏气血周流运转不息。是以临证恪守先祖庆甲之训，言“总之人之一身，得以滋润者血也，得以运动者气也。处处有血，处处有气。气无血以养之，则气必亢。血无气以贯之，则血必瘀。所以气血活则生，亏则病，尽则死矣”（《医学入门·气血大旨》）。譬如走马灯，灯内有烛油可燃，犹如脏腑内之气血，若油干光灭，则灯亦寂然不动。走马灯虽存，徒具空躯而已。故《素问·五脏别论》云：“五脏者，藏精气而不泻。”精气者，血气也。故朱氏临证，重视脏腑之间生克乘侮关系，同时，亦注重脏腑气血虚实盈亏、调畅或涩滞。临证尤其重视脏腑、气血、六淫乃至伏邪为患，形成独特诊治心法程式。如一妇人，月经闭止数月，羸瘦极，诸医以为血虚。朱氏诊之，小腹有痞块，大如拳，谓非虚，乃癥瘕，血结成实，所谓至虚有盛候。以祖传消痞丸，祛瘀通络，癥渐消，经亦潮。

朱氏善治黄疸。有沙湾村余姓族长，病发热呕吐，邀朱氏诊之。察其脉浮，右关独盛。曰：“予疏方，热可退，呕可止，然恐发黄。”服药热退呕止，三日后果目黄。曰：“阳黄也。”以加味茵陈蒿汤数剂而瘥。或问：何以知热退反会发黄？答：“发热而呕，胃热颇盛，热而不渴，湿伏于中，脾湿胃热熏蒸，其必发黄。”洞明医理，何其之深。

一病者，小便癃闭，医用利尿通淋不效。询其猝发于痰嗽之后。乃以药探吐痰涎，尿即通。释之："肺为水之上源，上焦肺窍塞，则下焦膀胱不通。如滴水之壶，必上盖孔通，则茶水始能从壶口而出矣。"

又一老者，小便先淋涩，继而点滴不通，腹胀欲死，医用八正散，通利二便不应。延朱氏急救。诊其脉，虚而涩。老者体瘦而家贫。嘱其家人速觅七八两乌鳢鱼[①]一尾，藕节五枚，洗净切破，葱白五茎，煮熟，食鱼饮汤，当日即通。或诘之，答曰："此人瘀血阻窍，水道不利所致。藕生淤泥，得水土浊气最全，故藕最能生血，而藕节则善破血消瘀；乌鳢伏土而制水，《本经》谓其下大水，且血肉有情，可补虚损；葱白辛滑，能通阳气，合用则瘀血化尿，窍通而尿行矣。"瀛洲临证，常出神入化如此。人皆赞其医道精湛。

清 朱勉华 鄂州

朱勉华（1906~1948），一名冕华，原名致善，字良弼，别号随缘山人。清武昌长岭（今湖北鄂州市境内）人。朱瀛洲次子。生于光绪三十二年丙午，逝于民国三十七年戊子。幼从私塾，强记博闻。稍长，随父学医。爱读《黄帝内经》。凡《伤寒论》《金匮要略》及曾祖《医学入门·汤头约选》，皆能闭目成诵。爱黄老之学，亦擅诗词。同情民众疾苦，有"他年若待腾飞日，愿与苍生解倒悬"（《西长岭诗词选集·

① 乌鳢鱼：又名黑鳢、乌鳢、黑鱼、蠡鱼，即七星鱼。王士雄《随息居饮食谱》载："甘寒。行水，化湿，祛风，稀痘，愈疮，下大腹水肿、脚气，疗痔，主妊娠有水肤浮。病后可食之。"

朱勉华》）诗句，为人传诵。有胆识，思维敏捷。独立应诊后，应对复杂危重病人，每能别出心裁而挽危局。一伏暑天，有数人抬一人，从店堂门前过。询之，言热死道中。勉华嘱其搁下，前往探视。见患者四肢皆冷，人事不知，然扪其胸腹灼热。勉华说："此人脉息虽无，仍属可救。"众人惊愕，问何以救治？勉华令速抬至离街头半里许之宝聚寺，置于大殿中，顿觉清凉。命脱去患者上衣，随即于委中、尺泽诸处放血。又命速取古井泉水，频频灌服。患者渐醒呻吟。再处方，嘱带清暑益元药二帖，服药而安。一时妙手回春，传为佳话。此案深得《黄帝内经》"诸治热病，以饮之寒水，乃刺之，必寒衣之，居止寒处，身寒而止也"之遗意。非谙熟《黄帝内经》者不可为也。

有商妇，正值中年。1938年（民国二十七年戊寅）夏，来店购买红矾，言用于毒杀老鼠。勉华之弟英航，见神色不爽，眼眶微红，似因斗殴有购毒药自杀之意，故不卖。正言语纠缠之际，勉华适来，问其情，乃于柜内，包起药物售与该妇。俟妇走远，弟问何以红矾售与妇人，恐出人命。兄言所售乃寒水石粉，并非红矾。因见该妇确有自杀之意，如若不卖，恐于他店购之，岂不误人性命。此以寒水石代之，妇人服后不死，使其拖延时间，醒悟之后，气消和缓，斯人得救矣。弟听后，恍然大悟。后其家人和睦如初，其夫得知此事经过，感激涕零。

朱氏治病，首辨阴阳虚实，尤重五行生克乘侮。有人患咳嗽消瘦，至暮发热。经大冶县一名医诊治数月乏效。后转请勉华诊之。观前医用药，乃滋阴降火清肺方。朱氏说：此人咳唾白痰，乏味少纳，至暮低烧恶风，乃土不生金，卫阳不足所致。察其脉微、舌淡而嫩，非阴虚火旺舌脉，投以阴药寒凝，更损脾阳。转拟培土生金，升阳益胃，调理而愈。其临证处方，一如其父风格，清灵简约，屡起沉疴。然嗜酒成疾，惜英年早逝。桑梓感其医术高超，赠“四世名医”金匾。

清 朱英航 鄂州

朱英航（1917~2007），名致乐，亦名缨华。鄂城县长岭（今湖北鄂州市境内）人。系朱瀛洲第四子。生于民国六年丁巳八月二十九日（1917 年 10 月 14 日），逝于丁亥三月初一日（2007 年 4 月 17 日）。行医 50 余年，救人众多。曾用生绿豆浆，防治农药中毒，名传乡里。曾任鄂城县太和区卫生院长岭分院副院长。著有《临床医话》《验方录》《岭头杂韵拾零》。《鄂州中医志》载其传略。

朱英航 5 岁入塾。拜本邑秀才杨秀田为蒙师。其时，常听兄长读《医学三字经》《药性赋》及曾祖《医学入门》之《脉诀合参》《汤头约选》，觉朗朗上口，常随声而读。日久，竟能随兄背诵。大生堂药局每月均从外地购回批量药材，英航好奇，每向药师询问究竟。耳濡目染，药材知识渐增。

稍长，其父先后为英航聘请名师盛涤如、朱春绮为师，教授国学。先生教学甚严，为英航奠牢国学根基。后，其兄黻华毕业，归里执教，英航于诗词，亦受益弥多。时值国势阽危，民生凋敝，故瀛洲冀其子继承医业。自 1936 年始，英航随父习医。初，父令熟读中医四大经典，而后，选学诸医家著作。于《黄帝内经》研读尤苦，凡有疑义处，必参诸家注释，以探真义。阅读经文、注文，皆一丝不苟，直至熟谙而心安。因得孙思邈《千金方》“欲为大医须妙解《周易》”启迪，后亦旁通《周易》。

本邑名医马春云，精于外科，用药不过数十种，以手扪脓，能知深浅。所摊膏药，每十张称之，其分量毫厘不差。马氏与瀛洲友善。瀛洲见其技精，欲继其外科，遂命英航拜之为师。不数年，尽得其传。某男，右手腕内侧红肿焮痛，渐致溃烂。经当地医治一二月，流脓久不收口，溃处已有附骨形成。按此，乃正气虚衰，无力逐邪。英航处方以大补气血、佐以解毒之品内服，每日一剂。局部洗清后，吹入推车散，外贴膏药二周，收口痊愈。

英航旁涉诸家，尤爱本草，言其实用，能济危急。故常牢记药味及单方效用，先存梗概于心，临证方有左右逢源之妙。1948 年孟秋，有杨某之母，患发背，夜间忽感疮口疼痛，异常难忍。其子放舟邀英航出诊。急抵其家，见患者陡言已不痛。继而发笑如痴，撕衣摸床，狂言乱语，大渴饮冷，烦躁不安，脉洪而急。英航思时值初秋，暑气未尽，此证乃邪气内逼、邪毒内陷、攻心走黄所致。本拟用内服诸方，苦于当地缺药，又四面环水，夜已 10 点，危急之际，忆及《本草纲目》载绿豆“生研绞汁服，治丹毒，药石发动”。乃请患者家属，急以水磨生绿豆，取浆灌服，经救治而愈。英航若非博闻多识，仓促之际，何救人命于顷刻！

至新中国成立初，兄长黻华、勉华先后辞世，父已年迈，大生堂药局经营，遂由英航主理。新中国成立前因遭土匪劫难，药局元气尚未恢复。直至 1954 年，与本镇其他医药经营者联合，有盛贯一（后调至湖北中医学院任教）、朱选仪等人，组成长岭中医联合诊所，大生堂药局经营终止。自朱庆甲创办日始，至此历时百年。

1955年，英航曾至湖北省中医进修学校（湖北中医学院前身）血防研究班学习一年，结识蒋玉伯、洪子云、陈伯庄诸先生，同窗研讨，益增见闻。

英航一生从医，病人随到随诊，随接随往。有时出诊甚远，辛苦备尝。英航有诗载："频年拯厄总艰辛，洌洌寒风不计程。大胆治疗心欲小，归来残月已三更。"（《岭头杂韵拾零·磨刀机夜诊途中》）1957年秋，余某，队长，因喷射"1059"农药中毒，神识昏迷，喉中痰如曳锯。西医治疗乏效。其时，公社党委书记嘱咐英航，放胆医治。英航忆昔时以生绿豆浆，治愈疔疮走黄例，乃急取灌服。余某竟得以挽回生命。英航常送医药下乡，虽至岁暮，仍需巡回问诊。英航以诗记之："诊箱日夜不离身，岁暮仍须走四邻。内有单方和妙药，愿将个个保长春。"（《西长岭诗词选集·朱英航》）英航以救死扶伤为己任，"不减穷途志，长怀报国心。"直至退休后，仍为乡邻诊脉处方。其德高术精，深受人敬。

朱氏认为，中医治病，重在观其外象，以测内脏之变。如六淫致病，与卫气相搏，皆令人发热。尝治一盛姓幼男，突然发热半日，肤热灼手，查体温39.8℃。无汗，时作哕，善啼哭，大便一日未行，尿黄，呼吸不畅，胸似闭闷，眉间稍青，两颊色红，舌红无苔，虎口指纹，色红过风关。诊为伤风夹热之象，拟辛凉透表，疏风解卫而热退。旋覆发热，扪之不烫手。查体温38℃，不食，不渴，困顿，舌红，苔薄白，虎口指纹淡红，面黄乏泽。此为表热退后而复来，为脾虚食滞、气不归元、阳浮于外所致。转用健脾益气化食法而愈。小儿口不能言，欲辨外感内伤，须谙藏象理论，详审形症，诊治方不致误。

朱氏秉承祖训，治病以胃气为本。人体之病，乃脏腑失调。欲治其病，必调和脏腑。存得一分胃气，便多一分生机。朱氏用药轻灵，人有诮其味少量轻者，朱氏则以为，视病投剂，适事为宜。藜藿之躯，用量可重；膏粱之体，重必伤胃。乃观东垣之方，孟英之剂，量不过分钱，重在认证确切，四两能拨千斤，去病而不伤脾胃元气者，为上。

英航有子祥麟、孙女寒阳，皆弘其医德，传其仁术。

附录：朱祥麟简介

朱祥麟（1944~），别号通虚子。鄂州人。出身四代名医之家。为鄂州市中医医院主任医师。曾任鄂州市中医学会秘书长、顾问，湖北省中医药学会疑难病专业委员会委员，湖北省中医药学会肝病专业委员会委员。曾聘为湖北中医学院（今湖北中医药大学）内科兼职教授。从医50年。勤研中医经典，熟谙各家学说。擅治时病、内伤疑难杂病及妇科疾病。为鄂州名医、湖北名医、湖北中医名师。为国家中医药管理局内伤伏气致病学术流派代表性传承人。获湖北省科技成果奖二项。著有《中国宫廷医疗佚事及秘方选评》《论内经风病学》《奇经证治条辨》《医学发微》《朱氏中医世家学验秘传》《李时珍学术论丛》《本草纲目良方验案类编衍义》《医垒心言》《医垒余言》。传人朱寒阳。

清 朱濂荣 鄂州

朱濂荣（1936～2016），名祥荣。鄂州长岭人。名医朱黻华次子。先后毕业于湖北省武昌医士学校、湖北省荆州第二届西医离职学习中医大专班。曾任乡镇卫生院院长、松滋县医疗事故鉴定委员会委员、松滋市中医院主任医师、急诊科主任。其突出业绩入载《松滋科技能人录》。

濂荣2岁丧母，8岁丧父，由祖父母抚育。幼见祖父（名医朱瀛洲）为人治病，屡起沉疴，誉满乡梓，并送"著手成春"匾，始崇尚医术。1944年，入塾启蒙，后转读鄂城县濂亭乡中心国民小学。因成绩优异，校方特更其名曰濂荣。1952年考入武昌医士学校。1955年毕业，分配至松滋县从事医疗40余年。

前期从事西医医疗，诊治危重疾病疗效显著。因出身中医世家，假日归里，受四叔朱英航教诲，故有闲暇，即读中医书。1977年，医院选送朱濂荣离职学中医。此后20年，濂荣从事中西医结合医疗。20世纪80年代调入中医院，主持急诊临床、教学与科研工作。

朱氏认为，西医学建立于现代自然科学基础之上，注重物质、个体、静态具体分析，追求微观、数据精确，具有线性科学特点。凡人疾病，必从脏器实质中，找出病灶所在，进行实质性治疗，其优势明显。中医学乃中华民族数千年临证实践总结，有系统理论，注重精神、整体、动态总体认识，体现宏观、灵动性，具有非线性科学特征。临床应用时，其原则性、灵活性极强。许多疾病，难从脏器中找到病灶，多为功能失调，能从藏象理论上看其征象，可从整体角度，进行功能调治，其优势独特。

朱氏能取中西医两者之长，视野开阔，用以指导临床。无论急性危病治疗，抑或慢性疑难杂证，颇有左右逢源、得心应手之妙。认为中医学重视生命整体把握，而于细节、微观认识，则较为模糊，而此恰是现代医学之长。若将两者完美结合，可取长补短，促进医学进步。中西结合，是时代赋予医者神圣使命，是促进医学科学发展可行之路。

朱氏尚认为，中医理论具有模糊数学特征，中医学博大精深。研究中医，既需中西结合，更需多学科共同努力。要揭示其实质内涵，任重道远。轻视中医，抑或排斥中医，是因其不理解中医，显然不足取。

如朱氏中西医结合诊治案例：脑血栓形成。王某，男，66岁。入院前两天，自觉手足麻木，肢体活动欠灵活，且逐渐加重，今晨醒来，发现左侧肢体瘫痪，口眼歪斜，嘴角流涎。CT检查，诊为脑血栓形成。检查所见：面色暗淡，无华，神清，语言欠利，左上下肢瘫痪，肌力一级，舌淡紫，苔薄白，脉沉。中医诊断：中风（中经络）。辨证为气滞血瘀，痰阻脉络。治则益气活血，化瘀通络。方用补阳还五汤，加远志、菖蒲、胆星、橘络等。日1剂。并给予低分子右旋糖酐500毫升，加维脑路通40毫克；10%葡萄糖注射液150毫升，加丹参注射液20毫升、川芎嗪注射液40毫克。静脉滴注。每日1次。治疗1周后，症状体征消失，肢体功能基本恢复。

本例由元气亏虚、瘀血痰浊、闭阻经络窍道所致。用加味补阳还五汤补气、活血、通络、化痰、熄风，加之两组液体，具有改善心功能，舒张血管，增加血流量，降低血液粘稠度，抗血小板凝集，改善血流变性作用，并能加强纤维素系统功能，促进血栓溶解，增加缺血部位脑血流量，减少并修复脑组织缺血缺氧时之损伤，从而利于恢复脑血循环正常。

朱氏从医40余年，致力中西医结合，擅长内科急症，尤长于诊治心血管疾病。多次参加中西医结合学术研讨会。发表论文20余篇。其中《人参败毒散的临床治验》，入录《中国高新医论精典》。《六味地黄丸治疗外源性类固醇戒断综合征》，入编《中医治疗疑难病症经验荟萃》。著有《竹庐吟稿》问世。

清 黄超凡、齐秉慧 鄂州

黄超凡，清代医家。学宗名医喻嘉言，受业舒驰远[①]，后悬壶于武昌（今鄂州市）。临证审辨六经及八纲，条分缕析，甚为详尽。因忙于诊务，至古稀之年，始将其术，尽传**齐秉慧**。秉慧得先生之传，精勤其业，弘扬其德，终成一方

① 舒驰远：名诏，号慎斋学人。江西进贤人。少好医方，然苦医理难通，幸交名医喻嘉言弟子罗子尚，得《尚论篇》，读后豁然而悟，自此宗以《伤寒论》。著《伤寒集注》十卷（1750）。诏为喻氏再传弟子，于《伤寒论》注诸家中，尤崇《尚论篇》，然复思“其间遗义尚多”，遂“参考百家，征以症治”（自序），予以补订集注，汇集前贤论述精要，亦述舒氏及门人见解。尚补充《伤寒论》113方方论，将原方列于条文下，阐析立方之旨、命名之义及药物性能。书刊行后，舒氏两次重订。后世流通本，为清乾隆二十五年庚辰（1760）自刻本与乾隆三十五年庚寅（1770）《再重订伤寒论集注》。据载，现存清刻本19种。舒氏尚著《六经定法》《痢门挈纲》《女科要诀》《痘疹真诠》诸书。

名医，著有《齐秉慧医案》（一名《齐氏医案》）传世。其医案载：齐氏曾诊治张洪泰，50岁，形体魁梧，却好酒色，嗜之过度。一日，吐血满盆不止，昏晕于床，不省人事。家人求诊于齐氏。齐诊后云："血势奔腾，脱证已具，刻不容缓，须即用人参五钱、黄芪一两、当归七钱、熟枣仁一钱，浓煎两次。去渣，调三七末七钱，让患者速服。"诸医疑而诘之："血乃有形之物，病人暴吐。体内血已尽失，所缺为血。先生此时不急补血生血，却于方中重用参芪补气，于病何益？"齐曰："《黄帝内经》指出：有形之血不能速生，而无形之气却宜急护。此理当奉为急救吐血妙诀。血为有形之物，气乃无形之化，有形之血不能速生，而无形之气却能先得。况有形之血，必从无形之气化而生，此即阳生则阴长之意。补气正因补血，生气正因生血。今病家大吐，唯留一线之气，若不紧急补气，一旦气绝，则于何处补血生血？然则谈何补血生血耶？"诸医皆愧而退出。病人依齐氏之方服之，旋即，患者渐苏，血亦随之而止。

李经纬《中医人物辞典》亦有记载。

清　虞席珍　　鄂州

虞席珍，一名必寿。本姓杨，育于虞，故姓虞氏。清代武昌（今鄂州市）人。素习儒者业，能医而不闻名。然挟其医道，游于鄂州、黄州之间，却多有效验。纪桂香、张如亭太守尤为尊重，以礼厚待。尝治愈痢病，为王氏推崇，赞曰："公之于医道也，盖心精其理，而又读书多，阅人众，用物熟，视人疾，若已疾，谨慎不敢轻投药。"知席氏为医深矣。虞氏因貌修伟而多髯，故人谓之髯公，年七十而尤健壮。志载，虞氏著有《本草药性易释赋》。

红　安

清 卢孙嫡 红安

卢孙嫡（1665～1753），清代黄安县（今红安县）人。初，为诸生，数试未第，遂绝弃科举，立志为医。孙嫡博览经方、本草诸书，证以阅涉，神明变化，所至奏效。《湖北通志》（清宣统刻本）载其医案五则，所述虽简，然其医术之精，医德之高，尽显案中。其一，有病者患朱汗，两日汗出不止。诸医诊之，不知何证，无法用药。孙嫡诊后，投剂立止。其二，有患疽发背者，时医索要药钱甚高，患者贫不能应，几于危殆。孙嫡见之，处方立愈，不取药值。其三，有一背伤见骨病人，诸医避而不治，孙嫡则以万应膏敷之，不十日即愈。其四，一乞丐老妪有子，长及数岁，尚须挈扶而行。孙嫡细心询问诊察，知患骶痈，遂以附骨散治之。不久，小儿即能独立行走。其五，有一乞丐老叟，病卧道旁，奄奄待毙。孙嫡见之，即刻请人抬至家中，亲自调治老者，待老人痊愈，方馈赠而去。孙嫡宅心仁厚，远近闻之，无不尊敬，以存利物，求方乞药，门庭若市。孙嫡接待病家，忙而无暇，常至寝食无时，然从无倦意。逝于乾隆十八年癸酉（1753）。享年88岁。

清 夏滋圃 红安

夏滋圃（1892～1977），湖北红安县觅儿寺中分塆人。出身农家。自幼家教甚严。稍长，入塾读书，刻苦用心，诸课成绩，常列群童之首。13岁考入黄安县（今红安县）国立中学，因家境困厄，学资不济，且体弱多病，致中途辍学。归里后，以教私塾维持生计。偏时值战乱，家乡流行瘟疫，恸家人病殁过半，又睹乡邻患病求医艰难，遂矢志于医。然地处偏僻，拜师无门，遂于18岁始，发愤自学。为得医书，常步行百余里，乞书于人。十数年间，夏滋圃上溯《内经》诸典，下览百家，无论酷暑严寒，皆勤奋不辍，挑灯苦读，攻书不舍，矢志如一。医学理论素养日深，医术日长，临证经验，渐积丰富。而立之年，竟医名远及武汉、黄陂诸地，曾应汉口药店之邀，在统一街、打铜街一带行医。抗战初期，武汉沦陷，遂愤然还乡，以救治乡民病苦为己任（载《红安县志》，1992年）。

新中国成立前，夏滋圃虽已年近花甲，仍奔波于四乡，为乡民解除病痛，日夜操劳诊疗中。其医德之高，深受乡民尊敬。其医术之高，颇受同行敬重。1953年，率先加入中医联合诊所。1956年调县人民医院，即便临床繁忙，或身患病中，患者有求必应。20世纪50年代初，与李炳臣、吴椹斋、周海门，并誉为红安四大名医。1959年名老中医献书献方活动中，夏滋圃昼夜不闲，将平生临证内儿杂病经验，整理成《采风录》《验方选》，达5万余字，奉献国家。

夏滋圃一生勤于钻研，虚心求教，亦善总结，医学造诣颇深，理论基础扎实，临证经验丰富。各科兼备，专于内科杂病，长于妇儿科。于内科杂病，受李东垣脾胃学说影响，重视胃气作用，认为杂病多为慢性，临证应以扶胃气为本，盖脾为后天之本，胃为水谷之海，久病必致胃弱，中气渐伤，故药量宜轻。用药宁可再剂，不宜重量，恐戕胃气。治则从温补、化湿、分利、疏散、消导、调整气机诸法入手。正基于此，夏滋圃临证组方，药味不多，然配伍严谨，常以轻剂取胜。

曾治一水肿患者，治前西医以慢性肾炎治之，中医施以利水消肿之法，然患者精神日差。夏氏则据证诊断为脾失健运，水湿泛溢，施以苍白二陈汤 3 剂，续服六君子丸 2 瓶，旋即痊愈。方中苍白二术，量不过 10 克，余药皆于 6 克以下。药中肯綮，立奏奇效。夏氏曾说：用药如用兵，药不在多，独显其能，智者以一胜十，愚者百不如一，盖药互为制约耳。临证中，善用白术，取补气健中、土生万物之意。脾胃既健，则病好三分。不论诊前善后，变化白术用量与炮制，每于平淡之处见异功。临床治疗头痛、泄泻、咳喘及妇科疾病，常以单味白术散，作善后治疗，其效颇佳。

滋阴一法，夏滋圃亦有深入研究。立论崇尚朱丹溪，化裁本于已见。曾治一妇人，口痛牙松，面浮腰痛，处以知柏地黄汤加独活 3 克，2 剂即安。夏氏说：寒之不寒是无水也，肾主骨，齿乃骨之余，水不制火，循经上络而至。滋阴方中，佐以少量辛开之品，意在腻而不滞，独活善走下焦，既清肾间游火，亦可引火归元，故能药到病愈。临证中，善将验方、单方、成方，妙用于一体，且屡建奇功。

1974 年，一女青年患中毒性脑病，高热不退，邀其会诊，处羚羊钩藤汤一剂，嘱家属取黑水牛鼻棍一支，入药煎煮，缓以匙喂之，翌日热退神清。滋圃说：此法本源于民间。盖牛乃有形之体，鼻棍为唾涎浸染，因其色黑入肾，致平肝熄风之剂，此所谓“壮水之主，以制阳光”“正本而清源”之法也。治病求本，为夏氏数十年辨证宗旨，尤其于杂病，必究本求因。夏氏认为：不求本而滥施虎狼之药，是谓庸医杀人。夏氏曾治一患者，小便泛白色麸皮样浊液，数年不愈，近伴失眠多梦，身倦气短，六脉芤缓，尤以左寸浮大中空明显，诊为心气不足，处以四君子汤加远志，服3剂而病愈。1969年，一痹证患者，曾于上海、武汉诸地治疗不愈。夏氏参合脉证，认为：前医审证偏于湿，殊不知湿久化热，此乃热痹。遂处以活血祛风清热之法，服药30余剂而愈。汉口有邹某，亦患此疾。经夏氏诊断为肝肾亏虚、风寒湿痹阻滞经络关节，拟用温肾祛寒法，服药40余剂而愈。夏氏说：治病不可死守成法，此乃同病异治、异病同治之例，然其要一，必审证以求其因。夏滋圃精于医理，且能灵活应用于临证实践。

妇科疾病治疗，夏滋圃亦造诣颇深，且建树颇多，认为妇科疾病，不外乎经、带、胎、产、乳之类，而经、孕、产、哺，皆为耗血之过，故妇人血常不足，气常有余。病机应着眼于肝、脾、肾、心，注重于冲、任、督、带诸脉。其临证之时，多主张从调整脏腑机能、调补冲任为主，常获满意疗效。数十年间，曾致力研究妇人不孕证，认为古人提出“五不女”（螺、蚊、鼓、角、脉）并非完全不治，临床因月经不调，赤白带下、崩漏、经漏、血积、胞宫或寒或热、痰湿、肝郁肾虚、六淫七情、脾胃虚损及宿疾淹留而致不孕者多见，首当调治月经为主，俾经血畅达，种子有望。而调和阴阳、补益脾肾为治法之首。据临证经验，总结验方一首，疗效卓著。方为盔沉香、紫荆花、何首乌、川芎、独活、细辛，六药共研末为蜜丸7粒，月经尽后，每晚睡前用盐开水送服一粒，多有获效。如叶某，婚后五年不孕，月信准时，惟经来腹痛。夏氏认为：阴阳媾合，始能成孕，男女同治，收效更佳。拟用四物汤加艾叶、五加皮、菟丝子12剂，日服一剂，夜服蜜丸一粒，又用五子衍宗汤化裁，令男子同服。翌月经停受孕，后顺产一女。

儿科，为夏滋圃所长，素有“哑科先生”之称。于小儿感冒、咳嗽、哮喘、腹泻、疳积、遗尿、夜啼、麻疹、水痘、虫证、暑湿诸病，治验颇多，如以蟾蜍果治小儿哮喘，多为一料而愈。用桑螵蛸、益智仁、菟丝子治小儿遗尿。用泥煅青蛙治小儿疳积，用蝉蜕治小儿夜啼，均收效甚著。主张古方活用，时方合参，单方结合，不拘于成方成法，寓继承于创新之中。

夏滋圃一生俭朴成风，待人谦逊和气，敬重同行。凡杏林同道，不论名位；凡遇一技之长者，皆敬之为师，从不同道相轻。常言医者应有割股之心，病人度分秒如岁月，求医治如敬神灵，生命在于顷刻，切不可草菅人命。其临床治案，成败依事而录，从不邀名射誉，故弄玄虚；平生不善交游结友，亦不喜戏剧娱乐，唯读书兴趣最浓，每至夜静，秉烛窗前，整理医案，攻读医书。读书困倦时，借写字看报、吟诗以怡乐，即便晚年手颤头摇，犹坚持日书百字。

夏滋圃费尽心血，于1959年完成临床医著两部。后，惜于时悖，书稿损毁。现幸有《夏滋圃医案》《读书札记》手抄本存世。夏氏逝世30余年，其临证事迹，至今仍传于民间。其医德之高，医技之精，深为世人怀念（史世勤等编《湖北当代名中医传》）。

麻　城

清 胡衡甫　麻城

胡衡甫（1893~1968），字秉钧，号晴谷。麻城县麻城镇（今麻城市城关）人。衡甫幼年丧父。民国二年癸丑（1913），时20岁，于麻城高等小学毕业，即从舅父熊清溪学医，“师满，行医，兼开‘胡长春’药铺”（严仪周主编《麻城县志》，红旗出版社，1993年）。胡衡甫临证，以伤寒内科杂证见长。业医50载，博览群书，精研医理，临证经验丰富。曾与现代名医秦伯未①、余无言②诸先生书札往来，论医议治，探讨祖国医学，其交谊深厚。临证之余，勤奋著述，其医著有《万氏（密斋）小儿科》《衡庐医话》。著述

① 秦伯未（1901~1970）：原名之济，号谦斋。上海市浦东陈家行人。出身道医世家。1919年入上海中医专门学校，从师名医丁甘仁，攻读中医。1923年毕业，留校任教。并在上海同仁辅元堂应诊，长于治内科杂病，尤精于虚痨痼疾。

② 余无言（1900~1963）：原名愚，字择明。江苏阜宁人。初读经史，后随父学医，深研仲景学说。18岁应诊，擅伤寒、杂病及中医外科。民国九年至沪，问学于西医俞凤宾，习外科于德医维都富尔。民国二十六年，与友人创立上海中医专科学校，任教务长，兼授《伤寒论》《金匮要略》及外科学等课程。

皆行于世。其《衡庐医话》分“医经评议”“书刊评介”“辨证论治”“临证证验”“论医集锦”五部分。体裁不拘，颇为杏林同仁称颂。

余彦文《鄂东人物志》《鄂东著作人物荟萃》亦有记载。

清 彭文楷 麻城

彭文楷，字端轩，号旭阳山人。清代麻城（今麻城市）人。彭文楷深明医学，所治病人，多奇中。据县志载，一乡邻患腹痛病，诸医投剂，患者腹痛加剧。诸医束手，皆畏再治。文楷诊之，说：“脉大小无定，唇朱面白，此蛭入腹也。”遂用田泥水，让患者饮之，顷刻，患者果下蛭千百而愈。群医惊服其诊治如神。文楷生平治病，多以意创，有方书而未载者。据《麻城县志》［清光绪八年壬午（1882）刻本］卷二十五《方伎》载，彭氏著有《伤寒述要》一卷传世。

清 刘常彦 麻城

刘常彦，字凛斋。清代麻城（今麻城市）人。初，儒生，喜读《内经》《脉经》及本草类著述，壮年尝游川蜀，多遇高人达士，得以切磋，释其要旨，明其奥义，臻精医理。后又历荆、襄、河洛，前后数十年，阅历渐深，医术益精。据光绪十年甲申（1884）《黄州府志》卷三十四《艺文志·子部四·医家类》载，刘常彦集各科经验秘方为《医学全书》，刊于乾隆六十年乙卯（1795）。其书分阴阳，辨经络，以脉验证，即症验方，不越规矩，亦不拘泥于古法，论述颇多可取处。该书于清光绪五年己卯（1879）有术古堂刊本，藏于中国科学院图书馆。《黄冈县志》[清光绪八年壬午（1882）刻本]、李经纬《中医人物词典》均有记载。

罗　田

清 金仲文　罗田

金仲文（1908~1977），字春山。湖北省罗田县胜利镇人。业医50余载，为罗田、麻城及安徽省金寨县一带名医。

仲文性沉静，寡言辞，聪颖好学。父早逝，家业危艰，14岁辍学，寄寓当地春和堂药店，从叔父金蔚廷学医。其叔父博学多才，长于治杂病，为一方名医。

仲文性笃务实，细研《内经》《难经》《伤寒论》诸经，旁及刘河间、李东垣、朱丹溪、张子和、张景岳诸家学说，凡有心得，辄随笔记之，从不懈怠。四年之间，学识渐丰。其后，与叔父一道，搜罗百氏，采撷精华，历八载寒暑，撰成《医林集腋》，寓“狐集千腋，始能成裘”之意，全书分门别类，合17卷，计30万言，图文并茂，条理贯通。读者得而阅之，醒眉豁目，一览了然。是著辨经络，皆本铜人之说，辅以解剖生理而真伪俱明。其论脉诀，则本于王叔和《脉经》，证以后人问难，而医障全清。至于伤寒杂证，妇、幼、外科，皆明出经纬，详陈治法。于病与方之后，作词赋以括之，便于记忆。

金氏治内伤杂病，尤注重脾胃，并将治脾经验，以六法概之，颇有临床价值。其六法：一曰补脾气，以五味异功散、四君子汤为代表方。二曰温脾阳，以黄芪建中汤为代表。三曰升脾气，以补中益气汤为代表方。四曰补脾阴，参乳丸、二冬膏为代表方。五曰补脾生血，以归脾汤为代表方。六曰补脾散饮，以六君子汤、苓桂甘枣汤为代表方。金仲文治外感病，尤重视胃气，凡内、妇、儿诸科临证亦然。常道："经云：有胃气则生，无胃气则死。胃气者五脏冲和之气，实赖脾胃健运以资之。脾胃为气血之源，后天之本，固护胃气，即是临证施治之根本。"故金氏于临证时，有关胃者，必从胃治。无关胃者，不损胃气。诸如"补土生金""肝病治脾""健脾散饮"，均为其得心应手之治疗大法。

金氏临证经验丰富，凡治病，既注意辨证，亦重视遣方用药。尝谓："辨证虽明，如立法不严，组方浮散，选药不当，亦可影响疗效。用药必须精专，切忌浮杂，杂则必失，殊难见功。"此外，尚注意总结药物配伍疗效。如川楝子配片姜黄，行气活血治胃脘痛。青皮配白蔻，疏肝胃气滞，治中脘痞满。桂枝、葛根、石膏合用，治热病阳虚气陷，余热不退，诸如此类，每用于临证，辄收良效。

金氏一生谦虚谨慎，待人热忱，从不以名医自居，淡泊功名利禄。平生好学创新，奖掖后学，注重实践，不尚浮华，医德高尚，人誉之有大医之德。

清 陈明道 罗田

陈明道，清代罗田县人。其家世代精于医道，以医术济人。至陈明道，尤精于医。每遇贫苦病者，从不因其病急而索其利，且常施药于人。性尤风雅，每荷伞独行，自咏所得。邑有老宿如潘四梅、廖琴舟、何梅村及西陵张琴泉诸子，相与友善，皆喜与之相谈，一时称为儒医。《罗田县志》［清光绪二年丙子（1876）刻本］有载。

清　周传瑾　罗田

周传瑾，字怀村。清代罗田县人。儒士。志载传瑾颖悟过人，怀“不羁之才”（指怀有非凡才学），积学甚富，却未遇上展现才学机会。传瑾精于医理，遂以岐黄为业。常以秘方，活人无数。凡名师宿儒，必请传瑾至家，以荣门庭。传瑾曾设学塾于乡，课读甚严，故子侄勤奋向上、好学成才者，不下数人。一时之间，传瑾所设学塾，推为通德之门，尤为乡人所重。

英　山

清　胡续康　英山

胡续康（1881～1966），字则寅，晚号古月老人。英山县长冲区崇山铺八节岩人。世代务农。胡氏至8岁时，入私塾。21岁时，因家贫而辍学，遂设馆训蒙。胡氏有志求学，设馆不久，至次年赴安庆，考取测绘学校。又因缺少学资，无法赴校就学，遂四处谋事。

其时，适逢清朝廷腐败无能，屈膝投降于外，却欺压百姓于内。胡氏义愤填膺，遂返乡立志学医。胡氏天资聪颖，决定从单方入手，虚心向人求教，凡有奇效单方，必亲自录下，并亲自逐方验证，凡经反复验证单方，再应用于临证，屡用屡验，故得续康救治病人甚多。是以，当地人称续康先生为“单方医圣”。经十余年积累，至41岁时，续康将所获效验单方，编成《单方三字诀》，传遍乡里，广为乡邻称许。此后，胡续康更潜心医术，且凭国学功底之厚，四处收集医籍，遍阅医典，医学造诣，日趋精深。至55岁时，又编《药性三字经》。至1942年（民国三十一年壬午），时已年逾花甲，续康特书门联于新造房屋大门：“德不润身，贫偏润屋，全仗圣人之道；食无求饱，居必求安，半留君子之风。”并特地劈出一间厢房，既作教室，课徒之用；亦作医室，用以行医。

新中国成立后，续康于《七十自述》诗中吟道：“花甲从头又十年，欣逢解放亦陶然。”此后，续康为乡亲解除疾苦，治病疗伤，愈加至诚热情。1953年，虽年届72岁，续康仍精神矍铄，整理多年临证经验，撰成《医疗初步》。因其临床经验丰富，于英山县享誉极高，1956年，续康调至县医院，仍从事临床。1957年，续康编成《菜园药店》，特于《前言》中述，《菜园药店》与早年编写《单方三字诀》有异。后者非己平生所验单方，一概不录。而《菜园药店》，则“无论是古是今，是人是己的，如牛溲马勃，兼收并蓄。尤其是取材于李时珍先生《本草纲目》中的药部更多，因他这书是集单方的大成，适合我欲用单方来普及人民的药物常识”。山区人民，治病求医甚难，又因贫困，即便重病，亦无钱医治，正所谓“有钱者生，无钱者死”。续康先生深感于此，故尽平生之力，精心编成《菜园药店》一书，以利山区贫民，就地取药，医治疾病。胡著尚有一特点：山乡求医难，宜预防在先。故此书具有预防性、便利性、宣传性、节约性。其单方，大多为人所知，且简便效用，故又具效用性。续康先生，急人之所急，想人之所想，其虔诚之心，高尚之德，尤为人敬。1958 年，续康任英山县人民医院副院长，又著《学医捷径》《诗歌小史》。余彦文《鄂东著作人物荟萃》有载。1966 年病逝。

清　金鸿翎　英山

金鸿翎，字汝化。清代英山县人。县志载，进士出身，学问渊粹，举止端严，为士者敬重。其母胡氏，早逝。父锦远，年五十病笃。鸿翎常自勉，曾说："为人之子，不可不知医。"遂废寝忘食，专心钻研陈修园、张景岳①诸书十余年。亲自为父疗疾，卒享大年。曾于京兆内外，寿人无算。并刊有《应验灵方》［《英山县志》卷十一《人物志·孝友》，民国九年庚申（1920）刻本］传世。清光绪二十四年戊戌（1898），任湖北汉阳府同知。

---

① 张景岳（1563～1640）：本名介宾，字会卿，号景岳，别号通一子。善用熟地，人称张熟地。明绍兴府山阴（今浙江绍兴）人。温补学派创始人。

浠 水

清 李春观 浠水

中医名师李春观

李春观（1908~1992），浠水县关口镇东树坳人。出身农家。父辈勤耕，能自给有余，可供后辈读书。春观少时天资聪颖，喜读诗书。成年后，走出山村，进京求学。曾入清华大学，攻读土木工程专业。然一封家书，得知慈父病重，母亦不健。遂即退学返乡，侍父持家。春观不懂耕种，将田地租与乡邻，收取少量粮食糊口，自教私塾，贴补家用。而立之年，娶妻生子，以遂父愿。国难当头，春观忧国忧民，散去大半田产，资助乡里，立志学医，以济于世。教课之余，自学国医，始抄医书自学，如医学《三字经》《药性赋》。后去汉口购得《黄帝内经素问》《伤寒论》《金匮要略》诸医学经典，苦心研读。几经岁月，读完多部经典，渐通医理。后幸遇本邑名医周俊卿，得知春观，年轻有志，酷爱医学，秉性聪敏，有国学功基，且宅心仁厚，遂收为徒，教以临证方术，传其毕生经验。春观随师伴诊三年，即能临证处方，治病救人，且名传乡里。其师俊卿先生，深感欣慰。

新中国成立之初，百废待兴。春观义不容辞，迅即参与创建浠水县关口区卫生院，并身体力行。因目睹医疗资源、临证人才奇缺，春观特于家乡关口镇，倾尽全力，创办中医学徒班。一者，便于将平生所学，悉心传授学徒，使其医术有传。二者，更益于培养中医传人，以补医院人才之需。春观深知培养中医人才，须先筑牢理论根基。为此，讲授中医四部经典，教导学员，宜以理解经义为先，而后反复诵读，使之熟背于口，谙熟于心。尚训导学徒，欲成良医，中医各家学说，亦宜通晓，且应如数家珍。唯有根基牢固，诸家贯通，日后临证，方能得心应手。临证教学，先生更是良苦用心。为便学员通晓伤寒论方旨奥义，特将伤寒方证，编成歌诀，学员诵读，朗朗上口，易于记忆，致使所教学员，人皆烂熟于心。多年之后，凡春观先生门徒，多为经方高手。

讲授《金匮要略》，春观更是别出心裁，教导有方。特将多年研究心得，编成《金匮条解》，更将杂病主方主证，条分缕析，既便于理解记忆，亦便于临证运用。如讲授湿病六方，春观将其主证鉴别，分析通透；主方分辨，井井有条。言湿病六方，虽均为治湿之方，然同中有异：外湿三方，皆有表证存在，麻黄加术汤主治湿病，表实偏重；麻杏薏仁甘草汤主治湿病，表实偏轻；防己黄芪汤主治湿病，表虚而肿。内湿三方，虽内因共有阳虚，然于主证，有风、寒、湿三者偏重之异：如桂枝附子汤，是治表虚偏于风，取其助表阳以除风湿；白术附子汤，是治里阳虚偏湿，取其助里阳以胜表湿；甘草附子汤，是治表里阳虚偏于寒，取其助表里之阳以胜寒。春观教学，深入浅出，风格独特，切合实际，易懂易记，学员受其课，如沐春风。

春观乐于教学，善于讲授，多次为上级聘为兼职教师。20世纪60年代，先后任教于浠水县中医班、湖北中医学院（今湖北中医药大学）浠水函授班。70年代曾授课于浠水县“西学中”（即西医学习中医）培训班、湖北省黄冈卫生学校中医班、浠水县中医师四部经典提高班。

春观中医理论精深，临床经验丰富，且为人宽厚，虚怀若谷，尤为关怀后学长进，深受杏林同道尊敬。早在20世纪80年代初，有青年中医马美元，曾与之共事，且同一科室，每遇疑难病症，春观先生辄悉心传授经验，诲之不倦。后学马美元，尤为仰慕春观医德医术，遂拜春观先生为师。春观亦乐收为徒。后得先生言传亲授，悉心指点，其医术长进甚快。如治一谈姓15岁女孩。患者因多唾，形体消瘦而入院。入院前，曾求诊于数家医院，服用中西药，均无疗效，后求诊于春观先生师徒。先由马美元初诊：神清，精神倦怠，形体消瘦，口渴多饮，频吐唾沫，日吐唾液三痰盂，盂中成清水，24小时量约6000毫升，经春观先生指点，以缩泉丸方加味治愈。

新中国成立以后，春观先生多年在浠水县关口卫生院临证，是新老医务人员良师益友，亦是四乡八邻救命恩人，曾誉为医院“镇院之宝”。春观先生为人谦和，临证认真，生活俭朴。教导门徒，学好医术，乃为医之本，并告诫门徒：“为医者，尚要做到：涵养怒中气，谨防顺口言，注意忙中错，爱惜有时钱。”春观先生，既为人师，既授医术，亦传以做人之方。

春观先生膝下一子一女，均成家立业。子李达三，医科大学毕业，响应“把医疗工作的重点放到农村去”号召，就职于本县巴河镇卫生院，亦为医疗骨干，造福一方。女出嫁务农。春观先生夫人早年辞世，子孙不在身边，老年生活，多有不便，古稀之年续配范氏，恩爱之极，体贴入微。县局老领导、中医同道肖炳恒喜赠联曰：七十公公六十婆；两情相合意如何。

春观回敬道：续弦只为终生伴；共享尧天舜日多。

春观先生作古久矣。其亲手精心栽培之桃李，均成浠水中医骨干之才。一曲《伤寒方证歌诀》，如浠水清泉长流，常于杏林传唱；一部《金匮条解》，如指路明灯，照亮业医者探索前行。

附录：马美元简介

马美元（1955～），浠水县汪岗镇人。中医副主任医师。1977年毕业于湖北省黄冈卫生学校中医专业后，任职浠水县卫生局。因热爱中医临床，1978年调至本县关口卫生院。遇名医李春观，与其共事一室，拜李氏为师。李先生喜其聪颖好学，悉心传授平生所积。得先生言传身教，马美元临证水平骤升。1981年至1985年，入湖北省中医学院高等中医函授班学习，理论素养又得提高。1985年参加全县中医业务大赛，名列第一。1986年始任卫生院副院长。任间仍坚持临证。40余年临证实践，灵活运用中医理论，坚守以纯中药诊治内外妇儿诸科常见疾病。善治疑难杂症、垂危重症。调治中晚期癌症，亦有心得，活人颇多。医德高尚，为同仁敬，亦得患者佳誉。退休后，坐诊浠水县城国医馆，为患者免费诊脉施方，其医者仁心，尝受市电视台专题采访，德艺双馨，传颂民间。

清　李子毅　　浠水

李子毅，字庆申。清代蕲水县（今浠水县）人。曾祖远峰，尝患痰疬，经湖南某医治愈，遂得其术。父鱼泉，亦精于治疗痰疬。子毅得其家传，所治多验。其后，积先世经验，融己临证心得，聚于一书，编成《痰疬法门》一卷，系痰疬专著之一，谓轻微易治者，为“痰子”；迟重难愈者，为“瘰疬”。又，书中尚列有：叙痰疬鉴别法及外治、内治、禁用须知、痰疬医案诸项，可供医者临证对症治疗。《中国医学大成》有载。曹炳章《中国医学大成总目提要》载：“是书首列痰疬总论，大致谓轻微易治痰子也，迟重难愈者瘰疬也。次述痰疬鉴别法、外治法门、内治法门、禁用须知，如灯火禁戒须知，如饮食服药宜忌物品，痰疬医案，末附杨梅疮验方、喉蛾捷诀等类。皆从先生平时所得经验，先辨原因，次评、治法，终述医案，末附验方。其文简当，不感难涩，与疬科全书合刊，相得益彰，诚医家之宝筏也。”何时希《中国历代医家传录》、李经纬《中医人物词典》有载。

蕲　春

清 王协　　蕲春

王协，字恭南，一字约庵，号约庵居士。楚蕲（今蕲春县）人。专研眼科，后以眼科传之，有《眼科全书》三卷传世。见《中医图书联合目录》。清顺治八年辛卯（1651），手录友人所藏眼科抄本一册。其书，首述五轮八廓及眼科治法，继列眼科形症 160 余种，末附方剂 200 余首，兼述点洗、升炼诸药法。其书条分缕析，备极精详。其门下士，有目疾者，按症处方，每获良效。康熙六年丁未（1667），王协任华亭县令时，积多年所得，编成《眼科全书》三卷，于康熙八年己酉（1669）刊行。

清　戴旭斋　蕲春

戴旭斋（约1830～?），清代医家。江右临川人（今江西抚州市临川区）。少时博览经书。以为时艺之学，无补于世，遂取古方诸书，夜以继日，精心研习。同治（1862～1874）年间，戴旭斋流寓蕲春茅山镇，行医之余，勤以著书。有《伤寒正解》四卷。此书刊于同治十年辛未（1871）。名医熊煜奎获读之后，盛誉此书："章法、文法之妙，引人易入。非但可以示医学之简易，并可以广医学之流传。"戴氏亦善画，尤长于水墨大笔，苍劲古朴。

清　石瑞荃　蕲春

石瑞荃（1901～1982），蕲春县漕河十里畈人。《蕲春县志》（1997）载：13岁始自学中医。因勤钻苦学，终至名噪乡里，尤善中药、针灸、推拿并施。曾任东北军第三师上尉军医。1930年，于蕲春漕河与同仁合办"中西医院"。新中国成立后，当选为漕河区"医联会"主任、县"医联会"副主任。1953年，任县中心诊所副所长，主管中医业务。1956年，县中心诊所并入县卫生院，任中医师。石氏业医60余载，临证经验丰富，精于内、外、妇、儿诸科。常有外地患者慕名求治。著有《小儿重舌的防治》《阳和汤加减治疗哮喘临床30例》。

清　陈其殷　蕲春

陈其殷，清代蕲州（今蕲春县）人。自幼苦读，致力科举。仕途失意后，专攻岐黄医术。为人高洁，医技精妙，每为贫困者诊治，辄不取值，尚馈以药钱，以济其贫。病者深感之。陈其殷精于脉法，通于经络，善用经方，临证多有奇效。乡人皆闻而敬之。陈氏平生著述甚丰。清光绪十年甲申（1884）重校《蕲州志》卷之十五《人物志·高洁》载，著有《脉法指掌》。《蕲州志》卷之十《著述志·子部》载，著有《经络会解》《新方解略》《古方解略》《医学指要》。其《古方解略》一书，民国十年辛酉（1921）《湖北通志》卷八十三《艺文志·子部·医家类》作《古方辨略》。

清 李泽溥 蕲春

李泽溥，字沛苍。清代蕲州（今蕲春县）人。岁贡生，工诗、古文，才识过人。知州张六庵，常有疑案难决，延泽溥至，咄嗟立辨。家承贵显，饶于资。泽溥振乏绝，联姻族，制汤药，施棺木，乡里德之。是以医名遐迩。著有《雨湖阁文集》《津梁医书》[《蕲州志》清光绪十年甲申（1884）刻本]。《黄州府志》[光绪十年甲申（1884）]卷三十四《艺文志·子部四·医家类》亦载有"《津梁医书》蕲州李泽溥撰"。

武 穴

清 干峙三 武穴

干峙三（1901～1975），亦名建鼎、洪钟。广济县（今武穴市）干仕村人。峙三出身医学世家。曾祖东里，精于医，著有《长沙歌括》，遐迩闻名。祖晓嵩，父竹庵，皆以医鸣于世。至峙三，医术尤精。峙三天资颖异，刻苦好学，少时曾于广济县高等小学堂读书，成绩优秀，后因家贫，无力升学，遂从父业。因其家学渊深，初习中医理论，勤奋钻研，不久即能涉猎医典。两年后，即能随父应诊。越四年，方圆数县，慕名求诊者日增，自此医名渐远。峙三治病，凡贫困患者，多不取值。延诊者，亦不论昼夜、寒冬酷暑，随接随赴，急病人之所急，深受四乡爱戴。

新中国成立后，于 1952 年，调至广济县人民医院。曾任县政协委员、医院门诊部主任。行医 50 余年，临床治验，积累丰富。曾编《临证医案精华》《血证辨证论治》诸书，惜于时悖而遭损毁。现有部分医案存世。

干峙三为一方名医，自省曰“勤奋”二字。其治学之道，亦概为四字“熟读深思”。自释为“三性”：读性、记性、悟性。所谓读性、记性，指要有阅读能力与背诵能力。所谓悟性，即理解能力与分析能力。干氏曾熟读中医经典及历代名医著述数十家。其中,《内经》《难经》《伤寒论》《金匮要略》诸书，重点经文，均能信口背诵。唐容川[①]《伤寒论浅注补正》《金匮要略浅注补正》，干氏钻研极深。书中注释大意，皆了然于心。其重要处，皆可随意诵出。及至晚年，尚能诵而不忘。

干峙三学术思想，概之有五。一者，强调辨证。中医治病之难，难于辨证。辨证不准，纵有灵丹妙药，亦无济于

---

① 唐容川（1847~1897）：名宗海，字容川。清四川彭县人。光绪十五年己丑（1889）进士，授礼部主事。以医名世。著《中西汇通医书五种》（1884 年），其中《血证论》8 卷（1884），于血证论证有独特见解。经方家。是中西汇通早期代表之一。

事。故干氏三临证，必合参四诊，细心诊察。二者，临证治疗，尤重脾胃。脾胃于五行属土，万物土中生。脾胃为后天之本，气血化生之源，人之生命与健康，尽系于此。人缠于疾病，医者调理脾胃，尤为重要。干氏说："《内经》云：有胃气则生，无胃气则死。"注重脾胃，治疗杂病，尤为关键。脾胃功能，恢复程度如何，是决定疾病预后标志。临床调补脾胃方药，多以四君子汤、六君子汤、补中益气汤为主。李东垣补脾阳与叶天士养胃阴之法，干氏掌握娴熟，运用灵巧。三者，妇科之病，重在"郁"字。干氏善治妇科疾患，认为妇科之病，因其生理特点，多因"郁"至，故其病因、病机，重在"郁"字。郁而伤肝，气机不利，则诸病丛生。《内经》云："郁极乃发，遇时而作。"干氏临证，常用舒肝解郁方剂有：逍遥散、柴胡疏肝散、越鞠丸、二陈汤、四物汤诸方。其用法灵活。四者，治疗血证，先辨寒热虚实。干氏治疗血证患者，尤其重视辨证求因。提出：治疗血证患者，宜先辨明寒热虚实，再确定治疗原则。干氏反对见血止血旧习。认为：过早使用凉血止血药与收敛止血药，极易导致离经之血不除而成瘀滞之弊。五者，博采众长，融贯古今。干氏以为，历代医家著述，因学派不同，观点不一，往往各抒其说，故读书不可拘泥一家之言。宜采撷众长，聚千狐之腋以成裘，合伤寒温病为一体，融攻破补养于一炉，书为我用，方为可贵。干氏治外感病、杂病尊崇仲景，治温热病尊崇叶天士。此外，于喻嘉言、唐容川、王士雄①、陆

---

① 王士雄（1808~1890）：字孟英，又字篯龙，自号半痴山人、睡乡散人、随息居隐士，晚号梦隐（一作梦影），又号潜斋。祖籍浙江海宁盐官（今属海宁市），迁居钱塘（杭州）。清温病学家。

以湉[1]诸家之长，皆各有所取。如治患者胡某，患慢性肾炎，干氏采用清代陆以湉《冷庐医话》中黄芪糯米粥。其方黄芪120克、糯米30克。仅服此方5日，水肿全消，疗效尤为显著。

干峙三行医50余载，医学造诣深厚，医技精湛，医德高尚。中年之后，尤其注重培养后学，悉心传授医术，要求从严，耐心精细，每劝后学，言之谆谆："学医之难，难在持之以恒。学之以专，熟读牢记，功到自然成。"

黄　梅

清 邓锦

邓锦，字瀛直，一字絅亭。清代黄梅县人。《黄梅县志》[清光绪二年丙子（1876）刻本] 载为嘉庆六年辛酉（1801）举人。其体素羸，然能善于亲自调摄，因邓氏精于岐黄医术。邓锦著有《长春录》，见《黄州府志》卷三十四《艺文志·子部四·医家类》[清光绪十年甲申（1884）刻本] 载。其著《小观书》，《黄州府志》卷三十四《艺文志·子部四·医家类》[光绪十年甲申（1884）刻本] 有载。书名何谓"小观"?《湖北通志》卷八十二《艺文志·子部四·医家类》[民国十年辛酉（1921）刻本] 则载其详："自序曰：人当急时，无成方取办，几至束手无策。以

① 陆以湉（1802~1865）：字敬安，号定圃。清浙江吴兴清溪人。道光十六年丙申（1836）进士。著《冷庐医话》。

故据摭古方，间寓心裁，证则随地皆有，方则随人可解，药则随时可办，且合南北、寒暑、强弱而皆宜，若舍此，而更无有右出者，名之曰小观。”其著《伤寒新编》，《黄梅县志》卷三十四《人物志·宦绩》[光绪二年丙子（1876）刻本] 有载。其著论述内容，《湖北通志》卷八十二《艺文志·子部四·医家类》[民国十年辛酉（1921）刻本]，引《伤寒新编·自序》概其详：“是编专论伤寒，分六经为纲领，凡病状治法，胪列（陈列，陈述）于后为条目。”施药活人甚众，人皆敬之。

清　石美玉　　黄梅

石美玉（1873～1954），1873 年（清同治十二年癸酉）5 月 1 日出生于江西九江。女，西名玛丽（Mary Stone）。湖北黄梅县大河猫头尾村人。全国基督教联谊会会员。曾为中国妇女节制联谊会首任主席、亚洲基督教会督。父曾为九江卫理公会传教士。母曾为卫理公会女子学校校长。

清光绪五年已卯（1879），石美玉因家贫，至江西九江，偶遇美国传教士昊格珠（Gertrude Howe），见美玉聪明伶俐，顿生怜爱，收养身边，亲教英语。其时收养尚有康爱德（Lda Kahn 江西九江人）。光绪六年庚辰（1880），浔阳战争骤起，石美玉随昊格珠迁往四川成都，进入成都教会学堂，继续就读。是年年底，又随昊格珠赴美。随去尚有康爱德。抵美后，石美玉勤钻苦学，先后精通英、日、德、朝数国语言，所学数学、理化、地理、美术、音乐诸多课程，均获优异成绩。

光绪十八年壬辰（1892），石美玉中学毕业于美国。据载，是年之秋，考入美国密执安大学（亦译麦尔西根）医学院。入医学院后，潜心医学，每次考试，均名列前茅，令外国同窗与当地知名人士，刮目相看。惊叹奇女石美玉，卓尔不凡。光绪二十二年丙申（1896）秋，石美玉以其出类拔萃成绩，毕业于美国密执安大学，获博士学位。当地报刊，纷纷报道此事，且置于显耀位置，并刊登石美玉小照。

石美玉大学毕业时，美国芝加哥诸多医院高薪聘请，学校亦再三挽留任教，而石美玉均一并谢绝，毅然抛弃优厚待遇，执意返回祖国。一同归国尚有同窗亦是同乡康爱德（亦译康成）。回到九江，亲友鸣鞭万串，欢迎两位远游女子学成归国。二位亦备感故国亲人温暖，立即将倾心所学，付诸实用，为故国亲友解除病痛，深受人民爱戴。归国不久，美玉即在山东济南府，创立华夏史上第一所孤儿院——伯特利孤儿院。许多孤儿，无家可归，因之得到拯救。光绪二十四年戊戌（1898），石美玉得美国医生唐福斯资助，筹建九江唐福斯骨科医院。自任院长。次年，为使更多劳苦大众，解除病痛疾苦，又于九江创办九江第一所妇幼医院（即今九江市妇幼保健医院前身）。光绪二十七年辛丑（1901）12月，但福德医生（Dr.L.N.Danforth）为石美玉、康爱德捐赠巨款，兴建但福德医院落成，并顺利开业。1903年，康爱德与吴格珠前往南昌开办新诊所。光绪三十二年丙午（1906），石美玉始与美国宣教士胡遵理（Jennie V.Hughes）合作。其合作关系，自此长达近半世纪之久。石美玉所收病人，每月迅即猛增至3000余人，然石美玉仍挤出时间，设立护士培训课，翻译西方医学教材，并为其举办查经班。凡有护士一经石美玉培训，皆以技术纯熟、服务热心、爱传福音而闻名遐迩。此期间，石美玉尚在九江，收养4名无家可归孤儿，悉心照护。光绪三十三年丁未（1907），石美玉积劳成疾，病情严重，经友人力劝，遂不得不去美国芝加哥韦斯医院治疗。病情稍愈，立即归国，从事救疗。

民国四年乙卯（1915），石美玉与伍连德、颜福庆一同筹组中华医学会，一度任副会长。1918年~1919年，石美玉为提升医疗技术，获洛克菲勒基金会奖助金，进入美国约翰·霍普金斯大学医学院进修。其时，适值胞妹石菲比（Phoebe）毕业于美国霍普金斯大学医学院，并获医学博士学位。国内医院，遂由胞妹石菲比接任院长。在美进修期间，石美玉四处演讲，积极鼓励中国留学生，学成应回归祖国，报效国家，为祖国人民服务。民国九年庚申（1920），石美玉复归祖国，定居上海，与美国传教士休斯小姐，创办伯特利传道会与伯特利妇幼医院。为发展西医，伯特利医院附设看护学校，为全国各地大中专医院，全力培训护士。此外，尚筹资办小学、初级中学、教义班、工儿院、孤儿院及妇科专班。民国十年辛酉（1921），中华医学会上海支会成立，石美玉选为副会长。次年，石美玉购买制造局路639号内民房及邻近39亩荒地，扩建医院与附设护士学校。民国十九年庚午（1930），伯特利教会发起成立伯特利布道团。以计志文为团长，踪迹遍及中国各省，引起强烈影响。此期间，石美玉因胞妹石菲比不幸病逝，曾一度回江西九江但福德医院，其余均于上海从事布道。民国二十六年丁丑（1937），时值抗日战争期间，石美玉与美国宣教士胡遵理（Jennie Hughes）至香港，将伯特利教会事工，延伸至香港，创办伯特利神学院，并设有中学。其规模之巨，当时未有出其右者。

从 1898 年至 1949 年 50 年间，石美玉在国内先后创办医院、学校、工儿院及医护学校、妇幼专班，达 15 所之多，遍及全国十余省、市地区。其爱国精神、民族气节，曾得梁启超与《申报》《湘学报》《时务报》及后来《留美学生季报》高度赞扬。1947 年（民国三十六年丁亥），石美玉因旧病复发，再度赴美治疗。1951 年 5 月，石美玉呈信上海市人民政府，要求接办伯特利医院。此医院乃石美玉亲手创办。1952 年 12 月，伯特利医院更名为上海市第九人民医院。1954 年 12 月 30 日，石美玉不幸病逝于美国加利福尼亚的巴沙德纳。享年 82 岁。

石美玉尽毕生之力奉献祖国。一生爱国爱人，为救死扶伤，百折不挠。大学毕业，拒绝美国多方聘请，毅然归国。归国数十年，不图名利，无怨无悔，报效祖国。且终身不嫁，献身医疗救护事业与布道事业。收养贫困儿童，创办多所医院、孤儿院、工儿院。值国家危难时期，为解救民众疾苦，不断筹措资金，创办医院，创建护士学校，培训医护救助人才。一生之中，无论创办医院，或创办学校，皆坚持扶危济困，关心照顾贫苦人民。待人和善，处事谨慎，所到之处，无不受到民众赞扬。据当时有关史料记载，石美玉于九江时，获得普遍信任与尊敬。其间，曾染病居家静养，九江知府特出告示：禁止任何车马，经过石美玉所寓街道，以免影响石美玉养病。石美玉倍受社会尊敬，世人爱戴，由此可见一斑。《黄梅县志》《鄂东人物志》均有详载。

石美玉献身医疗救护事业，力持“中西结合”之道。始终坚持：中西医各有所长，各有所短，唯有取长补短，才能相得益彰，祖国医学才能不断发展，才有可能立于世界民族之林。石美玉一生，人格高尚，爱国至诚，追求事业，百折不挠，洵为中华后辈楷模，其德逾千秋，光照人间。

清 洪樵麓 黄梅

洪樵麓（1878～1945），湖北黄梅县下新中垸人。据《黄梅县志》载，洪樵麓秀才出身，早年亦有志科举，然未遂愿。后为生计，在家设馆授徒。因不幸染上瘰疬，俗称痰子，四处求医多年，终无效，病情渐趋恶化，以致漏腮，洪樵麓深感其苦。瘰疬一病，《灵枢·寒热篇第七十》早有记载："寒热瘰在于颈腋者，皆何气使生？岐伯曰：此皆鼠瘘寒热之毒气也，留于脉而不去者也。"瘰疬，多生于颈部或腋下，状如硬核，推之不动，小者为"瘰"，大者为"疬"，可由少增多，由小渐大，溃后流脓稀薄，久不收口，即成鼠瘘，极难愈合。其症甚重。洪樵麓所患其苦可知。后幸遇一涤和尚，精心替樵麓医治，不久痊愈。洪樵麓深感救命之恩，遂决心弃儒学医，拜涤和尚为师。

初，洪樵麓专攻治瘰疬之术，不久，即能独自行医。洪樵麓天赋聪颖，且儒学根基厚实，临证之余，尚攻读医学经典及诸家著述。历数十年临证实践，其医术渐精，造诣日深，终成一方名医，尤善诊治瘰疬、伤寒，疗效显著。其处方特点，用药少，药剂分量偏重，然皆能达到药到病除之效。

洪樵麓医德高尚，治病从不分贵贱，凡前来求治病人，一视同仁，且不惧权贵，敢凛然而处之。据载，民国二十六年丁丑（1937），时国民党县长彭逵病危，专用大轿，延请洪樵麓至县衙治病。洪樵麓精心诊脉，观色，综合分析病情，诊为不治之症，拒绝开方，然因此遭到当权者训斥，并遭软禁。不久，彭某果于预期内病死，洪樵麓方免受害。自此，洪氏渐为世人敬重，其医名亦渐远扬，蕲春、黄梅、广济（今武穴市）一带，多知其医名。

清　石元吉　　黄梅

石元吉，字文藻，一字蓉城。清代黄梅县人。县志载，元吉自幼颖悟，读书目览十行而不忘。素喜岐黄医术，业儒之余，旁涉《灵枢》《素问》经典。临证医术精湛，救人无数，时称绝技。且医德高尚，常施药于贫困者，乡邻闻而皆敬。平生著述甚富，有《易经遵圣》《春秋阐义》《周礼尔雅旁训》《焚余忆草》《医方通释》诸书。其《医方通释》，《黄梅县志》［光绪二年丙子（1876）刻本］卷二十五《人物志·文苑》作《医方通解》。

大　冶

清　丁德泰　　大冶

丁德泰，号桐雨。清代大冶县人。《大冶县志》［清同治六年丁卯（1867）刻本］载丁德泰：博学力行，尤长于经济，读书过目不忘，登嘉庆二十四年（1819）己卯闱第一，道光九年己丑（1829）进士。任山西大宁令。任期间，凡有知其善医者，录证求方不拒，愈者，则酬以面饼即可。德泰亦因此而喜之，顾谓母说："儿官无德于民，得尝民家滋味，亦乐事也。"所著有《四书讲义》《医方策略》。

丁德泰为政之声如何，县志未载，然其为官勤廉，由此可知。其为医之德之技如何，县志亦不载，然其为民诊治所得，唯一面饼而已，并以此"尝民家滋味"为人间"乐事"。其医德之高，医技之精，亦由此可知。丁德泰为官亦为医，且以医民疾苦为乐，堪可为后世楷模。

清 黄校一 大冶

黄校一（1910~1981），名孝移。大冶县还地桥区宜家赞村人。为名医朱瀛洲女婿。先祖经营药业。校一少年入塾，及长，从本邑某儒医学中医。弱冠后，得朱瀛洲薪传。善书法，笔力遒劲。颇健谈。早年于大冶悬壶十余年，后转于大冶长岭街行医，殊孚众望。曾参加湖北省中医进修学校（湖北中医学院前身，即今湖北中医药大学）第二届血防研究班学习。

校一专于内科。《内经》有"百病皆生于气"之论。校一深得其旨奥秘。临证诊治杂病，每从气字入手，重视调节脏腑气机。认为：心气闭，则令人神昏；肺气塞，则失宣降；肝气郁，则失条达；脾气滞，则碍运化；肾气虚，则失作强。是以临证施治，宜开通心气以复神机，宣降肺气以复治节，疏达肝气以司谋虑，健运脾气以强后天之本，补益肾气以保先天之基。同时，尚强调六腑气机以通为用，以降为顺，大肠小肠皆属于胃，和胃即可以理肠，通肠亦可以降胃。胆虽为奇恒之府，其相火，亦借肠胃之通降而清宁。三焦膀胱为水腑，气顺则水通行，气阻则水壅渍而为患。又视气血虚实，寒热轻重，五脏之间生克乘侮而论治，颇有执简驭繁之妙。

尝治余某，男，55 岁。数年胃痛，忽不痛而变食入梗阻，颇类噎嗝。病重已旬余。视其神倦怠，形销骨立，口流痰涎如带状，涌涌不止。问其证，素患胃痛今不痛，然谷食难入，食则哽塞难下，大便不通，小便淡黄。望其舌，边红中薄，苔黄腻。切其脉，弦滑有力。校一认为，患者胃痛多年，中州已损。经云："胃为水谷之海""脾为之使""中焦受气取汁"，今胃虚脾损，化源欲竭，致饮食不能滋养肌肤；胃气不降，阴火上冲而炼液成痰，致痰壅中州，反随阴火上逆，则上焦不宣，中焦不运，下焦不通。形体虽虚，病变属实。断为脾虚痰阻，拟以温中补土、和胃豁痰之法以消息（消，减也；息，加也）之。

处方：米炒党参 12 克，炒白术 9 克，法半夏 9 克，云苓 9 克，砂仁 4.5 克，陈皮 3 克，炒枳壳 9 克，广木香 4.5 克，藿香 2 克，鲜荷叶蒂 2 个，炒陈米一酒杯，鲜竹茹一团。水煎服。

进一剂稍适，连进 5 剂而诸恙如释。此证形销骨立，食梗难下，口流涎唾，大便不通，则噎嗝之证情毕露。然噎嗝之形成，多由精血枯竭，津液耗损而成，故治法多从滋阴养血、生津润燥着手。本案若按噎嗝成法，苦寒攻下既不能容，甘寒生津，势不可缓，则投以滋阴养血、五汁生津之药；或据脉弦胃痛，专于开郁行气，则药必再耗中气，鲜不偾（fèn，败坏，破坏）事。而医者，舍其形消纳艰之症，取弦滑有力之脉，非一般噎嗝细涩脉象可比，而断为脾虚痰阻，气逆上冲。选用六君健脾以固本；加芳香化浊以醒脾，合甘淡豁痰降逆以和胃，尤妙在荷蒂一味，李时珍曰：荷蒂“生发元气，裨助脾胃，散瘀血，消水肿”。合而为方，一举而中枢得运，浊降清升，竟收速效（见《鄂城中医经验汇编》第一辑，1965 年 12 月，内刊）。

校一受其岳父（名医朱瀛洲）影响，于《医醇賸义》《临证指南》《温热经纬》《三家医案》诸著有深入研究。故亦长于诊治急性温热病、小儿高热惊厥诸病。常取显效。所积医案较多，惜皆毁于一时。校一曾聘为湖北中医学院（今湖北中医药大学）函授辅导教师。1963 年，受聘于鄂城县职业中学中医班，讲授《温病学》《方剂学》诸课。理论联系实际，深入浅出，深受学员好评。1981 年 10 月，因脑梗塞卒中而逝。其医迹，入载《鄂州中医志》。

清 汤辅康 大冶

汤辅康（1917～1981），名汉，字辅康，号聘三，又名起珠。湖北大冶县金牛镇人。9 岁就学，习读儒书 9 年。后至武昌黄龙寺拜师学医两年。又经李雅成先生荐，曾一度问难于在汉行医冉雪峰①先生。年二十学成。返大冶，执教乡

① 冉雪峰（1877～1962）：一名敬兴。四川奉节人。世业医。以擅治流行病名噪武汉三镇。1917 年当选为湖北省第一届中西医会会长。1923 年创办湖北中医专门学校，任校长。著有《八法效方举隅》《冉雪峰医案》。

里，兼以行医。不数年，医名遐迩，乃弃教鞭，专事医业。

汤氏从医四十余年，医理精深，经验宏富。治愈患者，无以数计。勤于著述。遗著甚多，有《辅康医学丛书》，计约三百余万言。平生尤为重视古今医案。认为："书家有帖，画家有谱，医家有案，三者皆匠心独运、淡泊经营之杰作""案犹镜也，以铜为鉴，可别媸妍；以史为鉴，可知兴替；以案为鉴，可辨得失。是以镜不磨不明，案不评不白"。（《百家医案选评》）遂历数十年，撰成《中医写案入门》（由湖北省卫生厅刊行）《百家医案选评》二书。前者述读案、写案方法。后者重点发挥前人辨证论治精微，揆度处方用药机巧，并评定是非得失。二书洵为读案之阶梯，后学之津梁。

黄　陂

清　熊济川　　黄陂

熊济川（1906～1973），湖北黄陂人。少年有志于医。曾师从名医冉雪峰，并深得冉先生器重。熟谙中医内、外、妇、儿、针灸诸科，尤擅儿科。认为小儿生理特点之一：脾胃虚弱，易于虚损。临床多表现为舌苔白滑，面色虚白，精神倦怠，食少纳呆。熊氏每以益气健脾法而获异常疗效。曾亲撰教材《中医儿科学讲义》。发表论文《中医对急性放射病的认识与治疗》。由门人整理《熊济川医案》。

清 张高安 黄陂

张高安（1908～1986），湖北黄陂人。著名中药师。14岁至汉口前花楼“太和堂”药店，当中药学徒。其间，苦志笃学中药药剂各门技术。无论炮制、制剂，抑或药品鉴定，均从严要求。三年出师，熟谙诸技。留该店做药工至1936年。此后，先后在汉口“徐庆余堂”、汉阳“万寿春”、汉阳双街“王长春”、汉口“济民堂”诸药店做药工。张氏于中药炮制、中药制剂，积有丰富经验。遵古不泥古，知药而后制药；长于借鉴，锐意创新，形成特有风格。著有《张高安中药炮制制剂经验》。

清 肖延平 黄陂

肖延平，字北承。清末黄陂县人。举孝廉。精于医，尤喜研读医书，且涉览广博。潜心研读《黄帝内经》，手不释卷，竟达数十年之久。尝殚二十年之精力，据《甲乙经》《灵枢》《素问》《伤寒论》《巢氏病源论》《千金方》《外台秘要》、日本《医心方》诸书，校正《黄帝内经太素》（杨上善注）一书，久客京师，书成即南归，不肯复出。据考，肖氏校刊本，今尚藏于中国中医研究院图书馆及湖北省图书馆。另校刊有钱乙《小儿药证直诀》（附《小儿斑疹论》）、《小儿卫生总微论方》诸书。此皆见载于《中医图书联合目录》。

阳　新

清 刘凤纶 阳新

刘凤纶（1831~1910），清代阳新县枫林镇坡山村人。咸丰十一年辛酉（1861）举人，同治十三年甲戌（1874）进士，选翰林院庶吉士。与同县进士王凤池（翰林院庶吉士）友善。光绪三年丁丑（1877）春，任江西铅山县令。光绪十七年辛卯（1891）转任湖南临湘县令。因戡平有功，旋升湖南直隶州知州。光绪二十七年辛丑（1901）春，陕西、山西发生饥荒，仗义助赈，擢为道尹。后经北洋大臣袁世凯奏请，以道员仍回湖南补用，并赏花翎二品衔。光绪二十八年壬寅（1902）告老回乡。光绪三十年甲辰（1904），刘凤纶补《兴国州志》3卷、首1卷。平素涉猎医书，通医理，知医药。遇乡邻患病，即施药治之，且拒酬谢。据光绪十五年己丑（1889）《兴国州志》卷二十二《人物志·孝友》载，刘氏著有《医学艺学易知录》，颇为人重。宣统二年庚戌（1910）冬，逝于故里。

清 刘止安 阳新

刘止安（1893~1967），字荣填，号迟步山人。阳新县人。出身儒医世家。自幼秉承家学，颇得薪传。年方弱冠，即常代父出诊乡梓。21岁时，离家上庐山，于达清道长门下受业六年。28岁至汉，先于六渡桥执教，间任善堂医席，后于九莲寺受教于了尘法师六年。此二师均分别受过武当、峨眉高手指教，医学知识渊博，勤于练功，且功力雄厚。尤其达清道长，尚精通易理。止安承二师指教，获益甚多。嗣后，刘氏又曾巡礼武当、峨眉，结交不少僧道高朋，亦受益良多。民国十七年戊辰（1928），入重庆针灸讲习所学习，三年毕业。年近不惑，东渡日本，于大阪学习汉医三年。归国后，曾于南京、余姚、奉化悬壶应诊。因迭起沉疴，声名日噪。民国二十七年戊寅（1938），定居汉口，并常出门寻访针坛名师哲匠，如承淡安、焦勉斋、孟子英、黄云章诸名师。民国三十三年甲申（1944），美机轰炸武汉，刘氏避乱阳逻乡间。自此专为布衣治病，每遇疑难重症，必先予缜密思考，而后反掌收功。若遇贫病交迫者，非但不收诊金，还每每解囊，代付药资路费，致使诸多病家，愈后感激涕零。民国三十四年乙酉（1945），重返汉口，未及一年，移居武昌，不久，名噪江城。刘止安（武昌山前）与汉口杨济生、山后蒋玉伯，曾誉为武汉针灸三鼎足。

刘氏临证尤为重视运气学说。诊治时疫，必据气候与自然变化，再立法投方选穴，著有《气候与疫情》。于疫病病机，刘氏有独特见解，《刘止安医案》中认为：疫病病因，是感受外邪→邪入蕴毒→毒致热生→热蒸毒殖，于是变化迭出。医治时，尤其是医治重症，刘氏主张：宜针灸、中药外合内应。因此，提倡针师既要具备雄厚功底，以便运气行针、刺穴布气、导引按跷，尚要娴熟方脉药理。鉴于此，刘氏撰有《中医针灸科与中医方剂之间的关系》，颇具临床指导意义。

民国后

鄂　州

民国后 吴保元　　　　鄂州

吴保元（1913~2001?），鄂城县（今鄂州市鄂城区）涂镇区徐桥乡人。幼时读私塾5年。民国十六年丁卯（1927）始，师从夏昌计，为中药学徒，受到严格专业训练。新中国成立前，曾于蕲春、黄石、武汉诸地中药店从业。新中国成立后，于浠水县兰溪区卫生院、浠水县中医院药剂科，从事药剂工作。1979年，获中药师职称。1987年，聘任副主任中药师。从事中药事业60余载，经验丰富，德高望重，曾任浠水县政协委员、黄冈地区中医学会理事、浠水县中医学会常务理事。

结合平生制药经验，撰有学术论文：《中药炮制与疗效》《浅谈蒲黄的炮制》《简谈中药炮制的体会》。

新　洲

民国后 但秉恒　　　　新洲

但秉恒（1914~1966），一名病衡，晚年自号野郎中。

湖北新洲县人。自幼天资颖悟，勤奋好学。稍长，锐志习医。1932 年，负笈从黄冈儒医鄢文清学。鄢学验兼优，但氏立雪其门，前后六年，虽尽得其传，仍以为未足。复报名入“国医砥柱社”，遥以时贤时逸人、杨医亚、赵恕风为师，得以函授学习。又与海内名家任应秋、陆清洁、董德懋、汪浩权、叶橘泉诸师，书札往来，析疑问难，十余年如一日。得诸良师益友指点，技艺益精，声誉日高。黄冈、新洲两县求医者，络绎不绝。抗战时期，黄冈、新洲一带，肠炎、疫痢流行。但氏得名医董德懋支持，按《温热标准捷效》秘方，自制肠炎丸，挨户送医送药，数以千计危重病人，得以救治。原方如下：

苦参、葛根、黄芩各 150 克，黄连 60 克，甘草 30 克，茵陈、白芍各 90 克，郁金 120 克，栀子 60 克，连翘 150 克，象贝 90 克，枳壳、陈皮各 60 克，木香、蔻仁各 30 克。以上 15 味，煎汤二道，熬稠浸药末如下：象贝、葛根、白芍各 30 克，水飞滑石 600 克，将四味研细末，先浸晒干后，再用：鲜荷叶 160 克，鲜苏叶、鲜藿香、鲜佩兰各 150 克，生莱菔子（捣碎）100 克，五种入臼同捣融，再加莱菔汁、马齿苋各 120 克，和匀绞汁，再加所浸药末及滑石，做成大丸，晒干每粒重 5 克，服时打碎，开水泡服。

但氏重视古今方及单验方应用。凡试用屡效者，则笔志之，并创制诸多有效方剂。新中国成立初，著成《诊余披沙录》。其中部分医话，1965 年收入由湖北省卫生厅编《湖北省中医医案选集》。

麻　城

民国后 李学祥　　麻城

李学祥（1913~1992），麻城市人。麻城市骨髓炎专科医院开创者。幼时，双亲早逝，随叔父生活。民国十六年丁卯（1927）始，入麻城县歧亭万顺义药铺为学徒。虽家贫而嗜学，《内经》《难经》《医宗金鉴》，无不熟览。民国二十四年乙亥（1935），时22岁，即悬壶麻城歧亭。时值战乱，民不聊生，疔疮痈疽，失治误治而致命丧者，屡有发生。学祥感民之哀穷，奋起而救之，一时名噪乡邻。1952年参加卫协会，后进入联合诊所。1959年，联合诊所改卫生院，遂坐诊歧亭，直至弥留之际，仍念念不忘中医事业。

1965年始，李学祥潜心骨髓炎病研究。博览群书，遍寻古方古法；采风民间，搜集单方验方，终发明以野葡萄根，治骨髓炎病新法。其时，应诊如云。其后，李氏将野葡萄根膏外用，与扶正祛邪、透骨托毒之中药内服相结合，终获疗效提高、疗程缩短之功。至20世纪70年代中期，湖北省卫生厅曾于歧亭举办两期培训班，推广李氏经验。同时，从事外用药研究，先后献出“月白珍珠散”（用于久不生肌）、“透管丸”（用于瘘管长期不愈）、“推车散”（用于内生小死骨）、“骨炎膏”（用于骨质硬化）诸膏丹丸散，为外用药研究，开辟广阔前景。20世纪70年代后期，李氏又发明以狼毒枣，治疗骨关节结核新方法。其药方便经济，疗效确实，为该院从事骨关节结核研究，奠定良好基础。

李学祥毕生从事中医外科研究，积累经验丰富。治脉管炎，组方平易简朴，效如桴鼓。治风湿病，主张补肝肾以治本，善用虫类药，搜剔经络，推陈生新以治标。治皮肤病，往往选用药性轻清之品，直透皮表。于中风偏瘫一证，选用温通经脉之法，常收意外之效。

李学祥出身寒微，幼失双亲，受尽煎熬，常叹世事艰难，民生困苦，是以一生治病，从不问贵贱贫富，以德立身，以技救人，知人育人，轻名淡利，直至晚年体弱多病时，常见身在输液，仍替患者治病。其情其景，凡亲目者，鲜有不泪下者。

李学祥曾谆谆告之曰：生吾之身是父母，养吾之命是百姓。吾有今日，全靠国家。唯有尽心治病，以报培育之恩。曾当选省五届人大代表，出席省科技大会。以其为主研究“以野葡萄根为主治疗骨髓炎病”科研成果，于1989年，通过省级鉴定，专家认为达“国内中草药治疗骨髓炎病先进水平”，享誉海内外。李学祥逝于1992年，农历壬申九月。时年80岁。有诗人汪芳记以诗祭之：“早岁逢灾苦煎熬，依然挽厄救膏肓。坐诊无虚真信赖，勤研岂恃几丹方？尽力尽情春昼暖，劳心劳血秋夜长。斯人虽去遗风范，千古西风总断肠。”

附录：汪芳记简介

汪芳记，湖北麻城人。中医副主任医师。任职于麻城市卫健局中医药管理科。多年以来，业余从事王叔和医药文化研究，主持整理麻城近代已故名老中医夏芳圃先生《夏注金匮要略》遗稿。著有《心有丁香结》(中药)。

英　山

民国后　金力芸　英山

金力芸（1916~2003），一名备先。生于1916年（民国五年丙辰）1月21日，逝于2003年2月20日。英山县金家铺杨家河人。

金力芸出身中医世家。父鸿宝，字美南，系金氏第16代名医，曾任鄂豫皖苏区英山红军医院主治医师。力芸中医造诣，源于家学。其家传医学，兼于医经学派与温热学派之长。力芸幼承父训，习文兼医。稍长，随父行医乡里。时值日寇侵入，人民饱尝战争与疫疾之苦，更兼缺医，力芸随父，夜以继日救治。少药则亲自采制中药，或施以针灸治疗。是以救治患者无数。新中国成立第二年，积极参与组建英山县金家铺卫生院、英山卫生学校、英山县人民医院，为创办人之一。因其业绩突出，选为英山县第二届人民代表大会代表。1958年，入湖北中医进修学院学习，成绩优异。毕业后，受聘于湖北省黄冈卫生学校任教。1981年晋升为中医副主任医师。退休后，复受聘于黄州康泰医院。1992年，因年迈返回故里金家铺，行医乡里十余年，救治无数，深受乡民敬重。

金力芸治学严谨，著述丰富。积平生临证经验，撰有论文《温邪直犯气阴之我见》《血臌治验一则》《“合于四时五脏阴阳”的探讨》《汗法的运用与体会》《李时珍的医药学思想》，刊于《四川中医》《湖北中医》诸中医期刊。力芸临证，以内、妇、儿科为主，尤擅长温病诊治。教学、临证之余，精研医典，积数十年心得，撰成巨著《全科临床医学》。全书以中西合参形式为编写原则，各篇贯以中西医学基础知识，每病分概念、病因、病理、临床表现、诊断、证治、参合治疗、现代研究诸项。其证治一条，又附有单方、验方、针灸、穴位、注射诸项，以便临证选用。其学术特点，熔中西医理论于一炉，综合各种治法于一病，颇有临床应用价值。力芸为示平生之志，特于巨著扉页，序有《振兴中华》，文曰："恪守中医政策，突出中医特色；继承加以发扬，切莫抱残守缺；改变乏术乏人，前进方向抉择：一是理论基础，二是科学凭借，三是中西合参，四是疗效确切；弘扬辨证之长，由量到质变革；科学求实精神，医学独创局格；跃离民族之乡，跻入国际行列。"其著惜未出版。力芸注重养生修身，尚著有《实用气功》《太极拳实践录》《白鹤翔庄，晴云出岫》。并立有《座右铭》曰："顽强炼身，锐意治学，潜心医药，却病延龄；振我炎黄，蕃我华族。"其爱国之心可鉴，其兴国之志可敬。其生平业绩，载于《中国名医列传·金力芸传》下卷，由中国国际广播出版社出版，1995 年。亦载于《中国当代中医名人志》第二卷，由学苑出版社出版，1991 年。

金力芸记忆过人，自幼聪颖好学，终生勤奋不辍，是以博学多才，通天文地理而融于医学，精古典文学而有诗文传世。且广知风土人情，熟记奇闻轶事，与人交谈，条理清晰，风雅谐趣。为人敦厚朴诚，温文尔雅，临证诊脉，从容和蔼，有大医风度，深为人敬。

金力芸先生一生俭朴，衣以防寒、食以充饥为足。虽历尽磨难坎坷，然心态平和，心胸豁达。晚年著述尤勤，至 85

岁寿辰之际，自撰墓碑联云："春风桃李芳菲日；晚景桑榆掩映时。"横批曰："医著长存。"其横批，显然寄厚望于后辈。力芸先生娶妻姜玉辉。育有二子：长子松乔、次子金松。松乔为人敦厚，毕生执教。孙女汝砺，深得祖父珍爱，有志于医，承其业，铭记祖父训诲：做人宜善待他人。为医者，当怀仁爱之心，视病人如亲人。宜苦学医术，方能解除病人痛苦。

黄　梅

民国后 张行柏　黄梅

张行柏（1922～1993），黄梅县分路区张家塆人。出身中医世家。祖辈、父辈皆长期业医黄梅县小池镇，并开设"四春堂"药店。其父擅长麻痘科，于长江两岸，颇负盛名。

张行柏幼承庭训，受家庭熏陶，耳濡目染，幼时即喜医学。稍长，不幸染及伤寒，几濒于死，劫后余生，愈感医乃仁术，以为"医国未及时，医人尚未迟"，遂矢志医道。初，搜览中医典籍，溯源寻流，夙兴夜寐，苦心诵读，不达心中领会，绝不半途释卷。即便身处乱世，亦勤读不辍。常自悬父训于座右："医者命之所系，操疾病之安危，若不明医理，必致草菅人命。"遂昼随家父临诊，遇有疑难，即检阅方书，穷思方脉药理之间，夜则秉烛苦读，或掩卷独忖，远虑于成败得失之中。尤长于内、妇、儿科，于老年病，亦颇有研究。鉴于临证中，胃病及十二指肠溃疡病患者甚多，遂精心研制"胃敌""六合定中丸"诸中药丸剂，用于临床，疗效显著。

张行柏行医50余载，尤重授业后辈，曾于各类中医学习班教学中，主讲《中医诊断学》《方剂学》《金匮要略》《内科》《妇科》《中国医学史》诸课。并自编教材《金匮要略讲义》《方剂学讲义》《伤科学讲义》，约80余万字。尚与同道合编《中医治验选录》，约30余万字，惜为内刊。尚撰有《伤暑无汗症之我见》《试论李时珍辨证论药的学术思想》诸文。1979年，任黄梅县中医院附属中医学校副校长。1980年，任中华全国中医学会黄冈分会副理事长、中华全国中医学会黄梅县分会名誉理事长、副主任医师、湖北中医学院（今湖北中医药大学）兼职副教授。1988年，卫生部授予张行柏“全国卫生文明建设先进工作者”称号。

张行柏学验俱丰，辨证论治多有独到处。其学术思想、临证经验，概之有四：

其一，辨证善识脏腑病机。张氏认为：“疾病千变万化，临证应据症求其本质，细辨阴阳虚实之错综，详分表里寒热之混淆，把握脏腑病机之演变，如此方能诊断准确，疗效可靠。尝谓：中医内伤杂病，以主症称其名者居多，此则未能揭示病机。故临证不得以病拘方，亦不得因方套病，是以治病当以谨识脏腑病机为要。”其二，论治注重补肾固本。张氏认为：“为医如弈棋，病变虽有万千差异，治法当有一定格局。”因而兼撷诸家之长，结合临证实践，提出杂病之论治，首当注重补肾固本。其三，力倡“阳虚风动”之说。张氏认为，火热之极，燔灼肝阴，筋脉失养，以致肝风内动，出现高热、神昏、谵语、四肢抽搐、颈项强直、角弓反张诸证，是热极生风所致：“心火暴甚”，多由五志过极，而致肝阳暴张、引动心火、风火相煽而成。此风之来，如夏风横行云空。其来势疾骤异常，而熄止亦较快易。其四，立方遣药，稳健灵活。张氏治病，顺应病势，立方遣药，稳健灵活。张氏结合多年临证经验，总结用药有三大特点：一者，药变其用，其贵在人。药物本性固不变，然医者，宜据治疗之需，改变其功效。二者，注意维护肾气与胃气。主张忌用苦寒害肾、伤胃、损脾之药。必要用时，亦宜少不宜多，宜暂不宜久。同时注意配伍，以制其偏。三者，气血阴阳，相互为用，不可偏执。升降出入，无器不有，贵于常守。补气宜于补血之上，以气为血之帅也。养阳宜于滋阴之先，以阳能摄阴也。是以气虚者补其上，用党参、黄芪之属，少佐升麻以升清。精虚者补其下，用熟地、枸杞之流，常佐泽泻降浊。补气常防其壅，每用陈皮之属以开之。补阴当防其滞，常须内金、楂肉以消之。心肾为水火之脏，宜交而不宜分，故常用黄连、肉桂之辈，欲效交泰之法。脾胃为阴阳之土，宜平不宜偏，故屡投半夏泻心之味，以求开降之功。若逢大虚之候，常用龟、麋、蛤蚧、人胞，取其血肉有情。若遇顽杂痼疾，恒施虫类灵动之品，意在搜剔病邪。惟其如此，临证之际，方从法立，以法统方，进退有序，稳健灵活，理法方药，熨帖自然，故治病常出奇立效（史世勤，等《湖北当代名中医传》）。

下篇　群医录表

元

黄　冈

元 叶茹庵　黄冈

叶茹庵，一作如庵。元代黄冈人。儒医，诊视有方。民国十年辛酉（1921）《湖北通志》卷八十二《艺文志·子部四·医家类》载：叶茹庵撰《伤寒大易览》一编。为时所宗。李经纬等《中医人物词典》亦列专条记述。

麻　城

元 樊子晋　麻城

樊子晋，元代麻城县（今麻城市）人。读书明理，审病察脉，能预知人之生死。医家多宗之，惜无著述传世，诸载亦不详。唯《麻城县志》[清光绪八年壬午（1882）刻本]有载，亦略。

明

黄　冈

明 宋鲸 黄冈

宋鲸，明代黄冈县人。自幼业儒，终未及第，遂有志岐黄而精其术。据《黄冈县志》[光绪八年壬午（1882）刻本] 载，宋鲸临证，诊验生死如神，却从不计诊费多少。有乡邻管大用，病死将殡，适逢宋鲸过其门，试以治之。管大用竟然复苏。据载，所治愈者，诸如此类，难以计其数。

明 李大吕 黄冈

李大吕，明代黄冈县人。名医李之泌子，世其父业，刻苦钻研医术，终成一方名医。据《黄冈县志》卷二十三《艺文志·子部·著述医家类》载，李大吕精于伤寒病诊治，积平生临证经验，著有《伤寒心要》。

明 樊炜 黄冈

樊炜，字仑川。明代黄冈县人。性孝友。少负俊才，颖悟超群，以选贡，授汉阳训导。其间，约法严明，讲学不倦，故其后及门下，多以经术显。《黄州府志》［光绪十年甲申（1884）刻本］卷三十四《艺文志·子部四·医家类》载：樊氏著有《医学象陆篇》。《汉阳县志》［清嘉庆二十三年戊寅（1818）刻本］亦有载。

鄂　州

明 徐德恒　鄂州

徐德恒，号洪斋。明代黄州府人。寓居县市。厌于显世，亦隐于医术，然每遇危困病者，必尽心救治，是以活人不可数计。贫者抬至其家，殷勤护视，细心诊治，待愈乃去。据《武昌县志》［光绪十一年乙酉（1885）刻本］卷二十六《人物志·方技》载：徐氏著有《保和蒙引集》行世。年七十余，颜如壮少，自号守一子。

明 周缙　鄂州

周缙，字伯绅。明代武昌（今鄂州市）人。以岁贡入太学，授水清典史，摄令事。年八十而逝。《武昌县志》［清光绪十一年乙酉（1885）刻本］载，著有《摄生图说》《摄生要义》医书传世。

明 黄霁明　鄂州

黄霁明，字承志。江西南昌人。明末，为避兵祸，飘游至武昌（今鄂州市），遂居此为家。黄霁明善岐黄医术，凡有病者延请，从不言辞，不避寒暑，延之即至。所为救活者，多不取酬谢，亦不显德色。知县熊登与黄霁明先世有交谊，知黄霁明寓居于此，尝访其家。黄氏为避其嫌，却从不回访知县。有识其品格者，愈敬黄氏（《郡志》《鄂城县志》均有载）。

红　安

明 吴廷辅　红安

吴廷辅，明代黄安县（今红安县）人。因母病，有志于医，遂精于岐黄医术。久之，医名遐迩，凡有前来求治者，廷辅即至。所治，不受酬谢。邑令李眷属，患鹤膝风病，召治而愈。赠“儒医济世”额。《黄安县志》［同治八年己巳（1869）刻本、光绪八年壬午（1882）补刻］卷十《合纂方技》载，吴氏著有《医方秘诀》。

明 吴凤翔　红安

吴凤翔，明代黄安县（今红安县）人。志载：乃廷辅之孙，得其真传，亦神明其术，成一方名医。

麻　城

明 邹橘泉　麻城

邹橘泉，名希鲁。明代麻城县（今麻城市）人。洪武

（1368）初，居于牛棚山，距县城西二里许，以明医济世。任医学训科。据光绪八年壬午（1882）重订《麻城县志》卷二十五《方伎》载，邹氏刻有《橘泉方》行世。子来学，官都宪（明都察院、都御史别称）。子孙科甲云仍冠。盖相望其仁术之开家宏远矣。东吴名士钱溥[①]深感之，特为之作传。

明 蒋云贵 麻城

蒋云贵，字恒宇。明代麻城县（今麻城市）人。志载：云贵博学能诗，亦精究方药诸书。凡病有疑难，他人束手者，云贵却应手奏效。县志载“远近迎接，屦（jù 草鞋，借指贫困病人）满户外，为县良医”。

明 邹顺庵 麻城

邹顺庵，明代麻城县（今麻城市）人。志载：顺庵出身名医世家。乃名医橘泉六代孙。及长，业儒，遇异人，传授方脉，遂弃儒为医。临证精于切脉，能洞察表里之微。终成一方名医，继其祖业，弘其祖德。

明 宋合泉 麻城

宋合泉，明代麻城县（今麻城市）人。志载：合泉尤精

---

① 钱溥（1408~1488）：字原溥，号九峰，别号瀛州遗叟。松江华亭人。明目录学家。正统四年己未（1439）进士，因蔷薇露诗称旨，受检讨，迁左赞善，出使安南。小楷行、草俱工。

于儿科，乃本邑幼科名医。“其目双瞽（gǔ，瞎），专治幼科如神。以手摸小儿，即立判生死不爽（违背，差错）”。

明 王松竹 麻城

王松竹，明代麻城县（今麻城市）新居畈人。志载：王松竹“精晓脉理，不泥方书，用药不以多味，而有奇效，人共称之”。

明 陈云山 麻城

陈云山，明代麻城县（今麻城市）人。志载：陈云山“方脉俱精，识见迥出”。言云山，临证诊脉，处方用药，皆能精通，且识见奇出，异于诸医。

罗 田

明 万福敦 罗田

万福敦，明代罗田县人。少为僧。知县徐泰召与语，大器之命蓄发。访道四方，号玉山，善踵息修炼，旁通风角堪舆之学，尤精于医道。福敦多才艺，如绘画、谱琴、击剑、蹴鞠[1]、

① 蹴鞠（cùjū）：类似今日足球。

屣跷[①]、杂技，诸技皆善。《黄冈县志》［清光绪八年壬午（1882）刻本］有载。

明　张仁趾　罗田

张仁趾，字振麟。明代罗田县人。《罗田县志》［清光绪二年丙子（1876）刻本］载，张仁趾“精通医学。邑令朱理昌赠有‘寿世保元’匾额”。

明　张星　罗田

张星，字月佐。明代罗田县人。志载：张星“好施与。医学为一时冠，尝施药济贫民。邑令王润中赠有‘寿世名家’匾额”。张星医技精湛，为一方杏林之首，足见其医术之高。常施药以济贫穷患者，足见医者仁心，是以县令赠以“寿世名家”称号，以激励其仁德之风。

明　肖名芹　罗田

肖名芹，字天水。明代罗田县人。志载：肖名芹“业岐黄，邑令王选举医学，出入公庭，视脉和丸，未尝干以私。遇贫民疾苦，辄施药调治，虽痊痾不受谢”。名芹业医，德高术精，每遇贫病，施药医治，病愈而不受酬谢，是以县令荐举。

---

① 屣跷（xǐqiāo）：类似今日踩高跷。中国传统民俗活动之一。其表演有文跷、武跷之分。文跷重扮相与扭逗，武跷则强调个人技巧与绝招。

明 万达 罗田

万达，字通之。明末清初罗田人。临证医学大家万全（密斋）第五子邦正曾孙，万全五世孙。约生于明末。清顺治、康熙（1644~1722）年间在世。据胡荣希《医圣万密斋传》载：万达于顺治十一年甲午（1654）至十六年己亥（1659）年间，倾力辑刻《万氏全书》十种，108卷，为现存最早版本，亦是其后诸书祖本。凡万达所刻书中，卷端皆刻有“玄孙通之万达刻”字样。万氏医书，得以完全保存，辑刻传世，惠及千秋生民，全得万达之力也。

浠 水

明 易坤 浠水

易坤，字本厚。明代蕲水县（今浠水县）人。精岐黄医术，传有医名。少业儒，善吟咏，多才艺。成化二十一年乙巳（1485），应取至京，补太医院医士。厌逐时好，专心医道，德高术精，人多重之。《黄冈县志》[清光绪八年壬午（1882）刻本]、《蕲春县志》[清光绪六年庚辰（1880）刻本]，皆有记载。

明 江腾龙 浠水

江腾龙，明末蕲水县（今浠水县）人。徙居四川隆昌县。崇祯十三年庚辰（1640）中武进士。素精医术，以救人为业，知名于时，晚归故里，享年85岁。四川《叙州府志》［清光绪二十一年乙未（1895）刻本］有载。

蕲　春

明　张慕恺　　蕲春

张慕恺，明代蕲州（今蕲春县）人。成化（1465～1487）初，慕恺医道大行，不论贫富，一体施济，痊愈者甚众。匾其堂曰："仁寿。"知州全铣素重其人，均为之作记以表之。后世称医有源流云。《蕲州志》［清光绪十年甲申（1884）刻本］有载。

明　郝源　　蕲春

郝源，字本清。明代蕲洲（今蕲春县）人。《蕲州志》载其"聪慧端悫（duānquè，端正诚实），长于训诂。于医、数无不精晓"。长子守正，字中夫，嘉靖二年癸未（1523）进士。次子守道，字立夫，世其业，精于医。

明　郝守道　　蕲春

郝守道，字立（玄）夫。明代蕲州（今蕲春县）人。志载：守道出身医学世家。父郝源，任工部员外郎，亦精于医。兄守正，字中夫，嘉靖二年癸未（1523）科进士。《蕲州志》载："郝守道，字立夫，以医名燕、齐江淮间，论病治方多获奇功，为梅国刘公、陆田周公所重，皆有赠言。”

明 陈泰 蕲春

陈泰，号自然。明代蕲州（今蕲春县）卫人。志载：广积方书，精明医道，诊脉断其隐微，用药有法度，皆以证而定。善摄生，寿至80余岁，无疾而逝。

明 严政 蕲春

严政，明代荆府（今属蕲春县域）医士。志载：其“家贫，甚好学，能诗，出入府禁，一无所苟，荆王府重其为人。以田给之”。善养生。享年91岁。

明 浦心韦 蕲春

浦心韦，明代蕲州（今蕲春县）人。《黄冈县志》[清光绪八年壬午（1882）刻本]载：为荆藩良医。精太素脉，兼通占卜之术，每诊疾患，断人穷通、寿夭，百不失一，用药多立效。善养生，无疾而逝。

黄 陂

明 王命珪 黄陂

王命珪，字弓以。明代黄陂人。为岁贡生，嗜酒而好学。据《湖北通志》［民国十年辛酉（1921）刻本］卷八十四《艺文志八·子部三》载，著有《养生真铨》行世。

明　张天爵　黄陂

张天爵，字南湖。明代黄陂人。据《黄陂县志》［清同治十年辛未（1871）刻本］载：张天爵每读《诗经·小雅·蓼莪》[1]篇时，感而泣曰："为人子者，不可不知医。"遂精于医术，尝活数百人。

明　王之梅　黄陂

王之梅，字泰汝。明代黄陂人。志载：王之梅性颖悟，无物不博，无书不读，尤精于医家脉理。

阳　新

明　李正伯　阳新

李正伯，明代蕲州（今蕲春县）人。《阳新县志》［清光绪十二年丙戌（1886）刻本］载：崇祯十年丁丑（1637）张献忠掠江北，举家南避，遂家居阳新。善医术，活人无数，不取值。享年83岁。

---

① 《本草纲目》载："莪蒿，名抱娘蒿。抱根丛生，故曰抱娘。"诗以莪蒿为喻，表达诗人感激双亲养育之恩，亦言子欲养而亲不待之伤心与遗憾。

清

黄　冈

（含新洲、黄州、团风）

清 欧阳樊桂　　黄冈（含新洲、黄州、团风）

欧阳樊桂，字蕙田。清代黄冈县人。精通医术，诊验如神，不索酬谢。嘉庆（1796～1820）年间，举医学正科。《黄冈县志》［清光绪八年壬午（1882）刻本］载，与欧阳樊桂同代，尚有张朗轩，郑亦锭，皆以善医称于世。

清 丰泽原　　黄冈（含新洲、黄州、团风）

丰泽原（1899～1980），清代黄冈县人。黄冈地区第一人民医院中医师。原为黄冈地区名老中医。1915 年从事中医，擅长妇、儿科。

清 漆锐精　　黄冈（含新洲、黄州、团风）

漆锐精（1902～1960），清代黄冈县人。原为黄冈地区名老中医。1922 年从事中医事业，专长于内、妇科，尤以内科为特长。曾任黄冈地区第一人民医院中医科主任。

清 谢仁淑、谢从本、谢方朱 黄冈（含新洲、黄州、团风）

谢仁淑，字玉亭。清代黄冈县人。祖惠，父如锦。仁淑幼承庭训，敦品励学，

生性肫（zhūn，恳切）挚，初攻举子业，试之不利，遂改业医。初，攻读群医著述，悟得临证若要得心应手，须深明用药之理，遂专心研读《本草纲目》，日积月累，句栉字梳，虽为巨著，亦能精熟于心。其后医术渐精，能生死肉骨，数百里之外，有竞相延请者。其诊治效验，用药奇妙，此皆昔日熟读《本草纲目》之得也。据道光二十八年戊申（1848）《黄冈县志》卷十一《方伎》载，谢仁淑著有《医案纪略》一书。有子**从本**、**方朱**，分授内科、外科，皆为名医。

清 严文鳌、胡大廷、严承冠 黄冈（含新洲、黄州、团风）

严文鳌，清代黄冈县人。志载：幼即颖悟，师事名医**胡大廷**，精于岐黄医术。从兄患血蛊，饮啖如故。文鳌视诊，说："危甚，三日当不起。"后，果如其言。又，有乡邻患伤寒，半日不醒，亲人以为不救。文鳌诊其脉，说："服药即愈。"治之，病人果然痊愈。乡邻皆感之。享年73岁。有子**承冠**，授其医术，亦善医，有医名。

清 胡延大 黄冈（含新洲、黄州、团风）

胡延大，字德孚。清代黄冈县人。志载，延大秉性孝顺，有文名。其父教之医，名扬三楚，活人无数。有仁德，

随遇施济，从不计诊费药资。人敬为长者，享年 92 岁。子有谦、应周，俱为诸生。

清 谢宏绪 黄冈（含新洲、黄州、团风）

谢宏绪，清代黄冈县人。精于医术。据《湖北通志》［民国十年辛酉（1921）刻本］卷八十二《艺文志·子部·医家类存目》载，著有《医镜》。

清 程启厚、程丰邱 黄冈（含新洲、黄州、团风）

程启厚，清代黄冈县人。父之骅，字仲超，黄冈名医。启厚承父业，以医名于世。子**丰邱**，亦以医世其业，医名桑梓。程氏三代业医，皆德及乡邻，深为乡邻敬重。据《黄冈县志》［道光二十七年丁未（1847）刻本］卷十五《艺文志·撰著篇目》载，程启厚著有《医方秘纂》。

清 肖麟长 黄冈（含新洲、黄州、团风）

肖麟长，字华亭。清代黄冈县人。业儒不通，遂弃而学医。博综岐黄家言。疾者盈门，投以药，无不效。子凤翥，继其业，亦有医名。据《黄冈县志》卷二十三《艺文志·著述·子部·医家类》载，肖麟长著有《内经知要》。

清 肖凤翥 黄冈（含新洲、黄州、团风）

肖凤翥，清代黄冈县人。麟长之子，为监生。世其家业。据《黄冈县志》卷二十三《艺文志·著述·子部·医家类》载，肖凤翥著有《伤寒纲领》。《湖北通志》亦有记载。

清　肖向荣　　黄冈（含新洲、黄州、团风）

肖向荣，清代黄冈县人。凤翥之孙，世其家业。弘其德，传其术，乡邻敬之。肖氏四世业医，皆有著述传世。据《黄冈县志》［光绪八年壬午（1882）刻本］卷二十三《艺文志·著述·子部·医家类》载，肖向荣著有《先正格言参订》。

清　陈锡球　　黄冈（含新洲、黄州、团风）

陈锡球，清代黄冈人。精岐黄医术，寿及百岁。《黄冈县志》［清光绪八年壬午（1882）刻本］有载。

清　陶宜炳　　黄冈（含新洲、黄州、团风）

陶宜炳，字星浦。清代黄冈人。监生，性豪迈，失怙恃后，不乐进取，熟于史鉴，兼以临池为乐，小楷摹晋人，爱学怀素草书，结字多有风趣。亦精于医。据《黄冈县志》［光绪八年壬午（1882）刻本］卷二十三《艺文志·著述·子部·医家类》载，陶氏著《伤寒集锦》，颇得伤寒旨意。《黄冈县志》［清道光二十九年己酉（1849）刻本］亦有记载。

清 汪代棠 黄冈（含新洲、黄州、团风）

汪代棠，清代黄冈县人。业医，传有医名。据《黄冈县志》［道光二十九年己酉（1849）刻本］卷十五《艺文志·撰著篇目》载，汪氏著有《医学提要》。

清 陈学海 黄冈（含新洲、黄州、团风）

陈学海，清代黄冈县人。业医，传有医名。据《黄安县志》［光绪八年壬午（1882）补刻本］卷之八《人物志·善行》载，著有《医评集》10 卷、《丹方集》10 卷。

鄂 州

清 易经 鄂州

易经，字乾长，武昌（今鄂州市）人。自幼博学善文。一日，遇黄衣道人，授孙真人像一轴、张介宾医书数贴，遂绝意仕进，专心攻读医书，不久，通岐黄医术。康熙二十九年庚午（1690），受守备袁魁之聘，至湖北竹山县，遂择地居之。易经知书达理，为人平和，高雅严谨，于竹山“造就多人”。乾隆二年《郧阳志》卷六《人物志·流寓》载，易经著有《脉诀纂要》《伤寒辨似》及诗文。孙象鼎，廪膳生。《武昌县志》［清光绪十一年乙酉（1885）］、《竹山县志》［清同治四年乙丑（1865）］皆有记载。

清 高子哲　鄂州

高子哲，清代武昌（今鄂州市）永福乡人。善医，活人甚多，常施药丸，以济贫病。康熙三十二年癸酉（1693）岁歉，民不聊生，道殣相望，子哲悲悯于心，变卖家产，施粥月余，救人无数。年九十岁，帝诏，赐肉帛，加冠带，以扬其德行。

清 马春云　鄂州

马春云，清代武昌（今鄂州市）人。精于外科，用药精当，不过数十种，而病者往往应手而愈。临证诊疾，以手扪脓，深浅即知。所用膏药，皆必亲制。每十张合而量之，其分量毫厘不差。与本邑名医朱瀛洲（1881~1950）友善。收瀛洲之子朱缨华（即朱英航）为徒，尽传其术。

清 朱黻华　鄂州

朱黻华（1901~1944），原名致美，字佛航。朱瀛洲长子。武昌长岭（今湖北鄂州市境内）人。生于清光绪二十七年辛丑十月初八，逝于1944年（民国三十三年甲申）12月23日。幼从本邑名儒读私塾。1927年，毕业于湖北省立政法大学，因“志不苟同时政，乃愤而入乡”，随父学医。读《内经》《难经》《神农本草经》、张仲景书及曾祖《医学入门》、清代温病家著作。又随父侍诊，代父出诊，进而坐堂应诊。临证，遵从古训，亦不拘成规，自我化裁，颇具乃父风范。其人“才捷博识，记强情豪，兼七步八叉之敏，并百家六朝之富，平居泉石，郁不世用”（载《朱氏宗谱·朱籔华诗人传》），酷爱诗词。和（hè）人诗韵，挥毫即就。虽言庭训夙承，不敢自弃。然秉性好诗，故于诗学研究，造诣尤深。有《静修室吟草》《佛航诗稿》传世。后以近代诗人之称，载入《二十世纪中华诗人传略》（霍松林主编、国际炎黄文化出版社，2001 年）及《鄂州市志·人物》（中华书局，2000 年）。

清 陈邦镇 鄂州

陈邦镇，字宜生。清末鄂城（今属鄂州市）人。通于医，曾编著《伤寒证治述要》。见载于《中医图书联合目录》（北京图书馆出版，1961 年）。

清 吴振之 鄂州

吴振之，字又唐。清代武昌（今鄂州市）马二里人。志载：诸生。善医，德高术精。凡有求于诊治者，虽深夜不辞，必速赴之。遇贫者，慷慨施以药资。邑人德之。

清 朱光玉 鄂州

朱光玉，字石庭。清代武昌（今鄂州市）人。志载：性慷慨，家业丰裕。精于医术，治病不分贫富，亦不受酬谢。常制丸药，施助困乏。全活者甚众。

清 熊芬 鄂州

熊芬，字杏林。清代武昌（今鄂州市）灵溪乡人。志载：为岁贡生。精于医术。求诊者，日盈其门。有医德，治病不分贫富。贫者不取酬谢，且施药济之。邑人德之。

清 王贞甫、王国柱、王绪容 鄂州

王贞甫，清代武昌（今鄂州市）人。志载：贞甫弱冠，即以文闻名于邑。后弃举子业。至晚年，嗜于岐黄医术，唯存济人之心，诊治病人，从不取值。享年92岁。子**国柱**，孙**绪容**，精医术，弘医德，皆成一方名医。

清 吴又唇 鄂州

吴又唇，号草堂。清代武昌（今鄂州市）神四里人。志载：岁贡生。性沉静，寡言笑，精于医术，每日求诊者，接踵不断。

红 安

清 秦厚焕 红安

秦厚焕，号席珍。清代黄安县（今红安县）人。《黄安县志》［清光绪八年壬午（1882）补刻本］载，以儒医济世。年近八旬，精神矍铄。治贫家病，徒步前往，不受酬谢。道光（1821～1850）年间，瘟疫流行，厚焕至，立愈。厚焕秉性宽和，仁厚待人。育有三子：长子必敬，次子必斐，太学生，皆精于医理。

清 程身维 红安

程身维，清代黄安县（今红安县）人。自幼志于医，以名医扁鹊为楷模，行医于世。心善术精，闻名乡里。志载：其“人有疾，随时诊治，不计利，贫者施药”，赞其医德高尚，不负幼年立志。

清 王崇道 红安

王崇道，号辉扆（yǐ）。清代黄安县（今红安县）人。精于医道，名闻遐迩，远至光山、罗田、黄冈、孝感诸邑，活人无数。临证时，尤长于诊断。疑难安危，决断明晰。尤为邻里乡亲敬重。据《黄安县志》卷十《合纂方技》载，著有《伤寒秘诀》。

清 张元和 红安

张元和，清代黄安县（今红安县）人。精于伤科，医德高尚。志载：元和“业医，凡刀斧蹉跌诸伤，治之立愈。酬以金，弗纳”。言其擅长骨伤科，且医德好，医愈患者，不受酬谢。

清　王俟绂　红安

王俟绂（sìfú），号燮（xiè）堂。清代黄安县（今红安县）人。精于医术，活人无数。据民国十年辛酉（1921）《湖北通志》卷八十二《艺文志·子部·医家类存目》载，著有《灵枢得要》行世。

清　王兰　红安

王兰，号者香。清代黄安县（今红安县）人。志载：其父燮堂，黄安名医。者香能文，然试不第，遂继父志，善医术，兼工书法，耽于吟咏，著有《蕉轩集》《沔游草》。

清　程森福、程楚璜　红安

程森福，清代黄安县（今红安县）人。太学生。志载：业精于岐黄医术，心存于济世救人。子**楚璜**，承父志，以医术救人，亦闻名乡梓。

清　程为楠　红安

程为楠，清代黄安县（今红安县）人。志载：监生。品正行端，少习儒，因遇艰难，遂潜心医术。有延请者，不避风雨，即往救治，施药活人无数。

清 黄登选 红安

黄登选，清代黄安县（今红安县）人。志载：监生。童试屡夺其冠，尔后竟不第，遂志于岐黄医道，业精其术。乡里遇有灾疠，倾心救治，活人无数。登选尤精于方药，多济世奇方，疗治疾病，辄出人意外。

清 熊锡魁 红安

熊锡魁，清代黄安县（今红安县）人。志载：贡生。秉性淡雅高古，栽花种竹，时以琴书自娱，且究心医道，每遇奇疾，辄应手而愈。每年捐资购药济人，活人无数，分文不取。名扬乡里，人皆敬之。

清 李全泰 红安

李全泰，清代黄安县（今红安县）人。志载：全泰能文，有愿科举而不第，遂业岐黄医术。术精德高，人求诊视，无贫富之别，亦从不计利，多所全活。有争讼者，极力调解。享年70余岁而逝。

清 袁开先 红安

袁开先，清代黄安县（今红安县）人。志载：开先有志岐黄医道，术精救人，从不计利。擅长诊脉，无论脉之长短浮沉，断之立验。远近前来延请求治者，无虚日，愈者不可胜数。

清 熊锡禄 红安

熊锡禄，清代黄安县（今红安县）人。志载：锡禄业医，精通外科。每年捐资无计，施药救人，活人无数。人皆敬之。

清 邹盛钰 红安

邹盛钰，号海门。清代黄安县（今红安县）人。志载：海门少聪颖，及长，精于岐黄医术。医德高尚，每遇贫民患病，无论远近，徒步往治，从不取利，是以愈者无数，乡里贤之。

清 杨名川 红安

杨名川，号海峰。清代黄安县（今红安县）人。志载：名川幼习儒不第，遂弃而业医。年七十余，有延请者，仍亲辄往，愈者无数，不计酬谢。

清 邹崇谦 红安

邹崇谦，号益堂。清代黄安县（今红安县）人。志载：其家世代业儒。至崇谦，性淡泊，不图进取。获得清名医吴谦①等编《医宗金鉴》一部，深探其奥，遂以医传名。

---

① 吴谦（1689~1759）：字六吉。清安徽歙县人。宫廷御医。乾隆时为太医院院判。《医宗金鉴》是乾隆御制钦定综合性医书，90卷。此书完善简要，于后世影响深远。

清 李印书 红安

李印书，清代黄安县（今红安县）人。志载：其学问渊博，积学深厚，然业儒不第。中年精于医术。人有病求诊，不避风雨，辄徒步前往。乡里有病者，多所痊愈。时人誉为“神医”。

清 余中孝 红安

余中孝，字裕国。清代黄安县（今红安县）人。志载：中孝精通医理，有文正公[①]济世之心。每遇贫困病家，前来求治，辄徒步往诊，不辞劳苦。人皆感其德，而中孝不显德色。

清 张锦玑 红安

张锦玑，字少臣。清代黄安县（今红安县）人。志载：其品性浑厚，积学能文，院试五，取佾生[②]。晚乃弃儒为医，不论远近，求诊必往，亦不取其利，且施药济人，赖以全活者，无以计算。至今民间，仍犹称颂之。

---

① 文正公：即范仲淹（989～1052），字希文。祖籍邠州，后移居苏州吴县。北宋名臣、诗人。谥号文正，世称范文正公。其著名散文《岳阳楼记》有“先天下之忧而忧，后天下之乐而乐”名句。

② 佾生（yì shēng）：指考秀才，虽未入闱，但成绩尚好。

清 石斗辉 红安

石斗辉，字星垣。清代黄安县（今红安县）人。志载：斗辉映少习儒，然未及第。遂弃儒从医，精通《内经》。凡求诊视，虽道远，徒步不辞，多所全活，亦不索谢。年七十，志行不衰，遐迩德之。据《黄安县志》卷之八《善行》载，石氏著有《医镜》。

清 邓兆嵩 红安

邓兆嵩，字朗山。清代黄安县（今红安县）人。志载：兆嵩为庠生，性洒落，有文名，然未第。至晚年，乃绝意功名，以医术济人，不取利。

清 邹德厚 红安

邹德厚，字坤亭。清代黄安县（今红安县）人。志载：德厚秉性孝友，自幼聪颖，无书不读。年20余，因目疾而习医，终精其术。德厚施药救人，数十年不倦，痊愈者众。享年74岁。

清 汪应霖 红安

汪应霖，清代黄安县（今红安县）人。志载：应霖“从九衔，儒医济人，不取利”，言其以医救人，不谋其利，其德高，为人所敬。

清 耿文浚、耿普埙 红安

耿文浚，字尧臣。清代黄安县（今红安县）人。志载：文浚为庠生。幼聪慧，举止庄雅。虽积学之深，却未能及第，遂精于医。尤善诊法，凡诊脉，定吉凶，百不失一，是以经文浚救活病人，难以计数。长子**普埙**，有父志，攻读群书，承父业，以医闻名于世。

清 刘映奎 红安

刘映奎，号星阶。清代黄安县（今红安县）人。志载：刘映奎性豪迈，积学深厚，却未及第，遂弃儒从医。曾于牛痘局坐诊，适逢当时痘症流行，刘映奎不辞星夜劳苦，尽心调治，所活婴孩，无以计数。

清 詹殿选 红安

詹殿选，号启朝。清代黄安县（今红安县）中和乡人。志载：启朝秉性浑朴，忠直端方。常感于范仲淹“先天下之忧而忧，后天下之乐而乐”之志，遂怀“不为良相，便为良医”之愿。精于医术，通于脉理，远近延治，从不受馈赠。

清 江玉良 红安

江玉良，清代黄安县（今红安县）人。志载：玉良“性好善，尤精岐黄，有延请者，不避风雨辄往，多所全活。”

清　周开远　红安

周开远，清代黄安县（今红安县）人。志载：开远自幼勤读，博学，善作文，却未及第，遂精医术，济人，愈者无数。

清　戴玉辉　红安

戴玉辉，字蕴山。清代黄安县（今红安县）人。志载：玉辉秉性明决，精于医术，活人最多，从不受谢。

清　孟正寅　红安

孟正寅，清代黄安县（今红安县）人。志载：正寅“笃实醇谨，以医术济人者甚众”。其医德之高，为人重之。

清　李簧序　红安

李簧序，字萩林。清代黄安县（今红安县）人。志载：簧序为监生。积学深厚，却未及第，遂精于岐黄医术。凡贫穷人家延诊，辞其所酬。子弟无力从师者，多负笈（jí，书箱，此指书籍）而从之。

清　李春馥　红安

李春馥，字香山。清代黄安县（今红安县）人。志载：

李香山精岐黄医道，与侄明径、中彦同居一处，购药济世，乡人皆颂其仁德。

清 熊凤翥 红安

熊凤翥，字鹏万。清代黄安县（今红安县）人。志载：鹏万为人豪爽，乐善好施。精通医术，年高70余岁，有前来问病求治者，不辞路途遥远，徒步即往，不取分毫。

清 王崇戴 红安

王崇戴，字松亭。清代黄安县（今红安县）人。志载：为监生。秉性清廉。善医，有邻里族人急病，即速往救治。

清 张联芳 红安

张联芳，号梅村。清代黄安县（今红安县）人。《崇阳县志》［清同治五年丙寅（1866）刻本］载，为监生。幼颖异，能文而未第。善医，救人而不取利。享年73岁。

清 戴士弁、戴长庚 红安

戴士弁，清代黄安县（今红安县）人。志载：士弁少孤。能医，救人不取利。子**长庚**，为监生。继父业，施药，有父风，闻名乡梓。

清　张载麟　红安

张载麟，号玉书。清代黄安县（今红安县）人。志载：玉书精于医，“存心仁厚，乐施与。以医济世，不取利。”闻有贫病男、妇，召至其家，亲自为其调治，待愈后，以钱米赠之。其一向品行，大多如此。安徽巡抚何公病，请治。玉书一药立愈。馈以百金，力辞不受，遂赠以“道明手应”额，并八品衔。享年74岁，无疾而逝。

清　杨玉朗　红安

杨玉朗，清代黄安县（今红安县）人。志载：为监生。以捐饷加六品衔。醇谨笃实，不事浮华。精于医理，施药救急，多赖玉朗而痊愈。人皆感激。

清　涂纯一　红安

涂纯一，名永监。清代黄安县（今红安县）人。志载：纯一幼时，延医治母疾，途遇一道士，出囊中之针，亲授其针法，令其归，依其法，以针母疾。归持其针，以刺母疾，立起。遍试诸病者，无不立应。后入黄安天台山，修葛洪丹砂之术。

清　陈世楷、陈克新　红安

陈世楷，**陈克新**，皆清代黄安县（今红安县）人。志载：世楷、克新，皆精于医术，以救人为业。著有《医评集》《丹方集》，各十卷。

麻城

清 邓履宽 麻城

邓履宽，清代乾隆（1736～1795）年间，麻城县（今麻城市）人。《麻城县志》［清光绪八年壬午（1882）］载，履宽出身世医之家。承父志，业精于医术，尤善丹青，兼工书法。

清 余秉圭 麻城

余秉圭，清代麻城县（今麻城市）人。志载：秉圭治家俭约，谨厚重义。同治（1862～1874）年间，曾避兵寇外出，归来时，于案上得抄录方书一卷，不知何来，试之奇验，遂为人诊治，兼施药物。远近求治病人，日盈其门，秉圭皆一心救治，不辞辛苦。贫民感其德深，闻皆敬之。

清 李廷淦 麻城

李廷淦，号静甫。清代麻城县（今麻城市）二里河区人。光绪八年（1882）壬午科举人。天赋卓绝，品性淳厚，笃于孝友，待人诚恳。旁涉《灵枢》《素问》，前来求治者，踵接于门，活人无计。据《麻城县志前编》［民国二十四年乙亥（1935）刻本］卷十三《艺文志·子部》载，著有《三焦论》。其子、其母，皆善医术，且皆以仁心救治病人。一家仁爱，传名乡里，深为仰慕。

清 喻必惠、喻稿、喻显烈、喻嘉琠　麻城

喻必惠，字嗣侨。清代麻城县（今麻城市）人。志载：喻必惠精医术，尤善诊断，诊人生死期，以数年如神。其孙**稿**、族子**显烈**、**嘉琠**，皆得其传，时称名医。今喻氏，尚有能续其业者。

清 余易元　麻城

余易元，清代麻城县（今麻城市）人。志载：易元少为儒，试而不第，遂弃而业医。精于《素问》《灵枢》诸经医理，亦尽览历代方书。然一以医圣张仲景《金匮要略》为宗。治效奇验，药简而剂重，其临证水平高深，实非平平医者所能测者。

清 余存恒、余有成　麻城

余存恒，清代姑苏（今苏州市）生员。志载：存恒博学，工于诗赋，客居麻城，以医名世，其品行亦高。子**有成**，字庸玉，少精举子业，却屡试不利，遂读父书，博览岐黄诸经，医术能承其传。有医名，闻于邑。

清 屈大寰 麻城

屈大寰，清代兴国州（今阳新县）生员。志载：其双目皆瞎，却精于医，通《黄帝内经太素》，善诊脉，知人寿夭贵贱，更能晓畅其理。人皆慕之。客居麻城而逝。

清 程詹礼 麻城

程詹礼，清代麻城县（今麻城市）人。志载：程詹礼年至不惑，弃儒学医，遂精医理。见病即治，施药不取值，亦不受谢。行医三十年，活人无数。人皆敬之。

清 李文启 麻城

李文启，清代麻城县（今麻城市）人。志载：文启居家孝友。素精医术，从不取利，常施药救人。邻里至今，尤颂其惠。

清 鲍芹堂 麻城

鲍芹堂，字香岩。清代麻城县（今麻城市）人。《麻城县志》[清光绪二年丙子（1876）刻本]载，芹堂好读书，乐施与，博览经史之暇，兼涉医、巫、勾股诸书。尤精于岐黄医术，著有《伤寒萃锦》。治病无论贫富，概不取资，有贫不能延医者，自往诊视，且馈药饵。

清 黄世汉　麻城

黄世汉，字性安，号乐贫居士。清代麻城县（今麻城市）人。志载：世汉少业儒，勤研古文，尤专心于易理、书画、医卜，皆臻其妙。虽家空四壁，仍弦诵不辍，至晚不疲。

清 李师庾　麻城

李师庾，字月楼。清代麻城县（今麻城市）人。《崇阳县志》［清同治五年丙寅（1866）刻本］载，师庾由举人，官至训导，有应变之才，识大体，顾惜士人名节。评论文章，以医为喻，云古方，不可治今病，临证宜据症而变。曾改正名医张景岳书，可知李师庾，亦旁通医术。

清 彭楚英、彭贤臣　麻城

彭楚英，字荆峰。清代麻城县（今麻城市）龙门乡人。《麻城县志前编》［民国二十四年乙亥（1935）刻本］载，彭楚英少有志业儒，然终未第，遂弃儒学医，研究岐黄医术，精于切脉，能决断人之生死。著有《会心篇》。享年 80 岁。有子**贤臣**，庠生，能承父志，业于医，名传乡梓。

清 李代恩　麻城

李代恩，清代麻城县（今麻城市）人。据《麻城县志前编》卷十三《艺文志·子部》载，著有《病理学》一卷。

清 蔡瑞芬 麻城

蔡瑞芬，字子锡。清代麻城县（今麻城市）人。志载，精于岐黄医道，活人无数。据《麻城县志前编》卷十《方技》载，著有《医学通论》二卷，付梓行世。

罗田

清 刘作栋 罗田

刘作栋，清代罗田县人。为监生①，专心好学，却未及第。至晚年，精于岐黄医术，著有《青藜外科》二卷行世。《罗田县志》［光绪二年丙子（1876）刻本］卷之八《杂志·方技》有载。

清 叶时荣 罗田

叶时荣，清代罗田县人。为县学秀才，博学能文，尤精于岐黄医术，活人无数。县令王同治赠有“妙手回春”额。至晚年，叶氏医术益神，尤为乡人敬之。著有《医方纂要》。

---

① 监生：古代设立京城最高学府，叫太学，又称国子监。入太学读书生员，称监生，也称太学生。其中由府、州、县学推荐到国子监学习生员，称贡生。

清 胡泰勋　罗田

胡泰勋，清代罗田县人。志载：初，业儒，通经史。其家促应试骑射入武庠[1]，却非泰勋本志。遂潜心医学，究极内外方脉。贫病者，辄苏之，大多不计酬谢。县志载：泰勋“教人以谨疾[2]法，士林传诵”。著有《药性述要》。

清 严寅宾　罗田

严寅宾，清代罗田县人。志载：寅宾自幼喜读书，好施与。于阴阳卜筮之学，无所不通。素敬扁鹊，尤精医术，活人无数。曾鬻产以施药饵，广济病人。其医德之高，远近闻而颂之。

清 阎增瑞　罗田

阎增瑞，清代罗田县人。志载：幼喜诗书，废寝忘食，沉酣典籍，及长，精岐黄医术。凡贫苦就医者，概不取值。前邑侯赵振清，特为之作传，示以赞扬。五世同堂，里巷称颂。著有《医说》。

---

① 庠生：即秀才。庠序，即学校。明清时期称州、县学为“邑庠”，故秀才亦称“邑庠生”，或称“茂才”。秀才向官署呈文时，自称庠生、生员。武庠，即武邑生。当时分文科、武科。

② 谨疾：劝人应慎重对待疾病。语出《论语·述而》：“子之所慎：齐、战、疾。”孔颖达疏：“君子敬身安体，若偶婴疾病，则慎其药齐以治之。”婴，指触，缠绕。偶婴，偶然缠染。

清 方五铠 罗田

方五铠，字竹溪。清代罗田县人。志载：五铠出身医学世家。自幼与兄梅溪，同操举子业，友爱倍至。因家庭人口渐增，遂弃儒就医，亦思承父医业。诊病多奇验。前来延治者，门无虚日，终因劳累至极，未能长寿而终。人闻之，无不痛惜。

清 徐锈优 罗田

徐锈优，清代罗田县人。志载：为县学秀才。通医。曾捐资助修圣宫，贯穿经传，驰骋古今。著有《纲鉴策要》《周易五行断》，并纂辑《万氏医科》。时皆推为博学。

英 山

清 傅有铎 英山

傅有铎，字天木。清代英山县人。《英山县志》［民国九年庚申（1920）刻本］载：学业优异，本邑贡生。奋力求学，工于文，善草书，亦“旁通岐黄，精诣青鸟”。

清 闻兴郜 英山

闻兴郜，字相齐。清代英山县人。志载：为国子监太学生。秉性孝友。至晚年，尤精于岐黄医术，活人甚多。

清　沈自昆　英山

沈自昆，字玉罔。清代英山县人。志载：从九品衔，监生。秉性慷慨好义。精于医理，专心活人，不取财帛，惜至四十而早逝。

清　杜一枝　英山

杜一枝，清代英山县人。志载：是邑武庠。精于医，好于义，常施药活人，救人无计。秉性聪颖，多才艺，善书法，喜吟诗。

清　段永淙　英山

段永淙，字吉人。清代英山县人。志载：为国子监太学生。好善乐施，以方药活人，辄验，却不索取药资。

清　叶瑞青　英山

叶瑞青，字芝田。清代英山县人。志载：瑞青为人端正，足不及繁华处。一心攻研医术，广施药物，活人无数。

清　黄怿麟　英山

黄怿麟，字继勋。清代英山县人。志载：怿麟秉性正直。善岐黄医术，捐施药材，活人无计。

清 熊训元 英山

熊训元，字春荣。清代英山县人。志载：为太学生员。喜吟咏，尤精岐黄医术。曾广施药材，救贫者无计。知县李氏赠“济世活人”匾额。

清 王善良 英山

王善良，清代英山县人。志载：为庠生。素有隐德。闭门谢客三十年，一心耽于经史子集，悉加考订。而于岐黄诸书，尝广为涉猎，亦通其术。平时以药济人，概不索值。乡里受其惠者无数。

清 马良慥 英山

马良慥，字德修。清代英山县人。志载：邑庠生。精于医术。其家富裕。母慈，辄怀救世之心，常遵母嘱，救人危急，勿辞劳苦，不取金钱。前来求诊者，车马挤门，几乎应接不暇，行之五十年，活人无数。著有《回春录》《补天石医书》。

浠　水

清 周廷楹 浠水

周廷楹，清代蕲水（今浠水县）县人。雍正七年己酉（1729）与黄冈易洪周同征（怡贤亲王以疾徵之）。医术亦相伯仲。《湖北通志》［民国十年辛酉（1921）刻本］、《黄冈县志》［清光绪八年壬午（1882）刻本］均有载。

清 胡雯 浠水

胡雯，号岚峰。清代蕲水（今浠水县）县人。《蕲水县志》［清光绪六年庚辰（1880）刻本］载，胡雯从九品职，业儒，兼博览医书，悟得岐黄奥秘，全活多人。道光元年辛巳（1821），武汉赠有“妙手回春”匾额。

清 胡幼甫 浠水

胡幼甫（1880~1952），字世炽。蕲水（今浠水县）马垅人。17岁拜鄂城县杨叶洲（今鄂州市杨叶区）王绍儒为师习武。历经苦练，膂力过人，于鄂东南一带，享有盛名。至暮年，家道衰落，以正骨推拿医术为业。其正骨医疗实践，使用刚柔相济之法：“猛则伤其筋骨，轻则无动于皮毛，深透有力，显其效矣。”采用40余种中草药，配制“胡幼甫跌打万应药酒”，有补气调血、祛瘀生新、强筋壮骨、通络止痛之功，畅销鄂赣诸地。逝于家中，享年72岁。

清 饶崇仁 浠水

饶崇仁，字尊元。清代蕲水（今浠水县）县人。志载：崇仁业儒未第，遂业医道，尤精妇人科。家虽贫，不取重利。穷苦无告者，辄助其药资。至晚年，不幸双目失明，辨别药材，皆以舌代目，竟无差错。

清 徐儒椝 浠水

徐儒椝，字季方。清代蕲水（今浠水县）县人。志载：儒椝曾由官府胥吏，授以典史职。徐氏颖悟能文，尤潜心医学。居京邸时，常受公卿倒屣（xǐ 鞋）相迎，所诊治者，辄愈。不久，来自街巷求治者，门庭若市，致使其邑之尊贵者，亦皆倚重为荣。著有《伤寒正宗》四卷。

清 刘衡 浠水

刘衡，号大中。清代蕲水（今浠水县）县人。志载：为庠生。天姿卓迈，尤工书法，督学洪岁试批奖，字冠八属。后以医济世，所诊病人生死吉凶，决断如神。

清 刘观旗 浠水

刘观旗，号大经。清代蕲水（今浠水县）县人。志载：为庠生。幼时业儒，后继父业，以医济世，所至辄效，人称为“小华佗”。

清 杨以泰 浠水

杨以泰，清代蕲水（今浠水县）县人。志载：以泰精于医，好善施。每有穷病者，诊其脉，馈以药，不取资，是以救活无数。志载寿至96岁而逝，时值隆冬。

清　李绍度　浠水

李绍度，字公律。清代蕲水（今浠水县）县人。志载：授例州同衔。绍度慷慨好施。善医术，有贫病求治者，捐药物调治，愈者无数。

清　杨楚珍　浠水

杨楚珍，清代蕲水（今浠水县）县人。志载：楚珍少贫，弃儒业医，却年至四十即逝。

蕲　春

清　肖铨　蕲春

肖铨，字公衡，号樗（chū，樗树）叟。清代蕲州（今蕲春县）人。《蕲州志》［清光绪十年甲申（1884）］载，康熙（1662~1722）年间为岁贡。铨少贫，嗜读书，学识渊博，以明经教授生徒。著有《大学汇编》四卷。兼精岐黄医术，著《易简方书》十卷。寿至83岁。

清　陈谟　蕲春

陈谟，字友夏，号素庵。清代蕲州（今蕲春县）人。《黄冈县志》[清光绪八年壬午(1882)]载：康熙(1662~1722)年间岁贡生。嗜学好古，教授生徒多所成就。著有《医门集要》二十五卷。

清 丁修元、江柏成 蕲春

丁修元(1893~1969)，清代蕲州(今蕲春县)人。黄石市中医院主任医师。1909年从蕲春名医**江柏成**为师，医通中医内外妇儿诸科，尤擅儿科。学渊《内经》、李东垣之说，推崇治病顾脾胃为要。注重药物疗法之外，尚强调护理及心理疗法。传人丁元英。

清 田莜斋 蕲春

田莜斋(1902~1982)，蕲春县大桴冲人。《蕲春县志》(1997)载：出身名医世家。1931年，任职于蕲春大同区苏维埃政府卫生部门。大同苏区沦陷，为避缉捕，逃离蕲春，于安徽安庆与江西湖口一带行医。抗日战争爆发后返里，潜心钻研医术，为一方名医。新中国成立后，出任蕲春县何铺乡“医联会”主任。有手抄本《医疗实践》《桴山医案》传世。

清 胡步云 蕲春

胡步云，清代蕲州(今蕲春县)人。志载：步云以操岐黄医业，为生存之技，然遇贫者求治，却不取药资。

清　陈重溢　　蕲春

陈重溢，清代蕲州（今蕲春县）人。志载：年十九时，参加府试，名得道选，适院试前一日，家书至，告之母病。重溢星夜驰归，得见一面。居庐墓三年守孝，丧满，遂弃举子业，专精岐黄医术，志存救治疾苦，不计谢金。

清　李方赓　　蕲春

李方赓，号饬夫。清代蕲州（今蕲春县）人。志载：为廪生，天赋卓绝，秉性淳厚。自幼侍父，读书里塾无违教，精于性理，通岐黄医术。

清　易德迈　　蕲春

易德迈，字陶希。清代蕲州（今蕲春县）人。志载：父时宪，门下多俊彦，德迈砥砺以成其学。因素善医，遂专心岐黄医术，以济人为业。平素以礼自持，言行举止，从不苟且。

清　陈芸　　蕲春

陈芸，清代蕲州（今蕲春县）人。县志载，尤精于本草学。《湖北通志》［民国十年辛酉（1921）］卷八十二《艺文志·子部·医家类存目》载其著有《神农本草歌括》。

清 陈雍 蕲春

陈雍，字敦仁。清代蕲州（今蕲春县）人。志载：为诸生。博古而能文辞，尤善医方，多奇中。诊治贫病，施药不取值。著有《医方三昧》。

清 吴雁题 蕲春

吴雁题，号唐人。清代蕲州（今蕲春县）人。志载：为诸生。秉性质直和平。晚年以医道济人，不辞劳苦。

清 张志杰 蕲春

张志杰，字子占。清代蕲州（今蕲春县）人。志载：为诸生。著有《松筠堂诗集》，尚纂本草诸书。

清 明长人 蕲春

明长人，清代蕲州（今蕲春县）人。志载：长人少事儒业，后改习医业。深研脉学，脉理精确，药不妄投。

清 龚灏 蕲春

龚灏，号廉夫。清代蕲州（今蕲春县）人。志载：龚灏曾任千总衔。秉性平和宽宏。因体弱易病，细研岐黄医术以自调。久之，其医术益精，前来延请求诊者，日盈其门。龚灏治而不受谢，遇贫病者，尚施药诊治。人皆敬之。

清 陈广东 蕲春

陈广东，清代蕲州（今蕲春县）人。志载：业医，诊治不索谢，贫者予以药。家中恒备方药，以待求者诊治方便，人皆感其德厚。

清 邓一桓 蕲春

邓一桓，号兰亭。清代蕲州（今蕲春县）人。志载：一桓精岐黄医术，尝携药囊于市，遇有疾者医之，不取值。

武　穴

清 于良椿 武穴

于良椿，号双亭。清代广济县（今武穴市）人。《广济县志》［清同治十一年壬申（1872）］载，良椿精于医术。于道光十二年壬辰（1832），广济县疫疠流行，传染厉害，于良椿“施药调治，愈者甚众，乡里德之”。其医术精湛，医德高尚，深受乡邻敬重。

清 张拱治 武穴

张拱治，明代广济县（今武穴市）人。志载：拱治精于药性，常多聚药物，凡有患者前来求之，即刻施与，不取值。人皆感而敬之。

清 陈定中 武穴

陈定中，字大马。明代广济县（今武穴市）人。志载：初业儒，后弃学籍，隐名于医。于湖曲柳阴处，结茅为屋，顺承慈颜，敬奉老母，以耕钓终其身。

清 熊浚 武穴

熊浚，字如章。清代广济县（今武穴市）人。志载：17岁为诸生。擅长医术，求者甚众，不计报酬，人多德之。

清 胡锡鼎 武穴

胡锡鼎，字永祚。清代广济县（今武穴市）人。志载：其家世代儒医，平生以施济为事，凡抱病前来求治者，不辞劳倦，倾力施治，病愈不责酬谢。寿至87岁。

清 查启嘉 武穴

查启嘉，字孚言。清代广济县（今武穴市）人。志载：孚言精于医，心存济人之志，前来求治者，不论贫富，一视同仁，皆悉心诊治。

清　许世锦　武穴

许世锦，字敬亭。清代广济县（今武穴市）人。志载：敬亭工于书法，楷、隶、草、篆，诸体皆善，且不失古法。又与胡赤韬游，谈诗论道，相处和谐。敬亭尤长于医，沉疴顽疾，皆为之起。

清　舒尊基　武穴

舒尊基，字王路。清代广济县（今武穴市）人。志载：为增广生①。工于医。贫不能医者，必授一方，并施舍方药，活人甚众。

清　张文基　武穴

张文基，字道阶。清代广济县（今武穴市）人。志载：为监生。精于太素脉。有某生自觉无病。文基诊脉说："是当得筋急疾。"言其脉证，会患筋急病。一伍姓患病者，延请文基诊治。文基诊后说："是不惟不死，并当得子。"言其病，非但不死，还会得子。后经历数年，所诊皆验。

---

① 增广生：科举制度中生员名目之一，简称增生。明初定制，生员名额有定数，府学 40 人，州学 30 人，县学 20 人。每人月给米六斗为廪食。后增加人数，廪者遂称廪膳生员，增广者称增广生员。清沿其制，而名额皆有一定，廪生有廪米有职责，增生无之，故增生地位次于廪生。

清 冯元会 武穴

冯元会，字集成。清代广济县（今武穴市）龙坪镇人。志载：元会家贫，嗜学，侍母至孝。兼操岐黄医业，闻名乡里。某年龙坪镇瘟疫流行，元会不问贫富，凡有病者前来延治，从不计远近，延而辄往，全活者甚众。其岳父染上瘟疫，亲戚皆隐而避开，元会却独入室诊治，服药即愈。

清 方席珍 武穴

方席珍，清代广济县（今武穴市）人。志载：席珍“施药疗疫，活人颇多”。瘟疫灾年，席珍广施医药，救活疫民甚多，可见其医德之高、医术之精。

清 张世璜 武穴

张世璜，字翠轩。清代广济县（今武穴市）人。志载：为邑庠生。精于医术。凡有延请诊疾者，不论贫富贵贱，亲自购药，施与病家。其医德之高，深为人敬。

清 饶策 武穴

饶策，字戒庵。清代广济县（今武穴市）人。志载：为武庠生。持躬勤俭。每遇贫困者，必周济于人。至晚年，知医，求者日盈其门，饶策不辞辛苦，皆为细心诊治。人皆感之。

黄　梅

清 洪新甫　黄梅

洪新甫（1898～1966），清代黄梅县人。师承陈仲明。曾任黄梅县医联会理事长、县首届人大委员。擅治内、妇杂病。传人吴宗铭、洪仕俊。

清 周济之　黄梅

周济之（1911～1979），清代黄梅县人。黄梅县血防站中医师。从师于洪静安。潜心内科。主编《黄梅科技（医药部分）》共 18 期。晚年从事血吸虫病治疗研究。传人周焕然。

清 陈文斌　黄梅

陈文斌，字武烈。清代原籍江西人。《黄梅县志》[清光绪二年丙子（1876）刻本] 载：自祖父迁来黄梅。业于医，精其术，每有病人延请，立起沉疴。贫困者不计药值。常点夜灯，以照行人。著有《伤寒纂要》诸书。

清 王经纶　黄梅

王经纶，清代黄梅县人。志载：其性朴直，精于医术，多用姜桂，尝视病某家，就塾中宿，与师徒相习，为各诊其脉。一童子素肥泽而健固，经纶诊之，急大惊曰：“若何为至此?”师诘之，说：“不旬日矣，宜速归。”归，果七日殁。

清 郑梅占 黄梅

郑梅占，清代黄梅县人。志载：业儒，兼精医道。用药必取平常习见者，无金石猛烈之剂，清补尤胜。常往来于富宦之家，病药之外，言不及他事。治病多凭病家所赐，从不计谢金，亦不乘人之急而自高声价。恂恂然（恭敬谨慎貌）有儒士之风，以医称，从其长也。

清 李开基 黄梅

李开基，字华国。清代黄梅县人。志载：候选县丞。为人好义，精于医术。邑中有人病笃，延请开基诊治，应手而愈。某赠以“拯我于危”匾额，并跋其后曰：“不计利，不辞劳，一意实心，济人利物。”精于医，不以为业，盖行方便而不受谢。其医德之高，尤为人所重。

清 黎祖怀 黄梅

黎祖怀，字秉廉。清代黄梅人。志载：其性敏，精于医，深识《内经》之旨。与人言，必摘经文某段言脉，某段言症，为之剖辨分明。临证尤长于伤寒。遇奇险，辄奏奇效，用药竟不多。是以邑中人，以杏林妙手誉之。

清 蒋兆瑞　黄梅

蒋兆瑞，字朴存。清代黄梅县人。志载：为国学生。以医术闻名，尝说："读书降而学医，亦求有济，若术未精而开方谈病，是自欺欺人也。"人以为名言。

清 石夔照　黄梅

石夔照，字汉中。清代黄梅县人。志载：为廪生。秉性幽静，隐居教授。精于医术，厌人延请，然强之，仍为诊治。

清 宛相　黄梅

宛相，字大用。清代黄梅县人。志载：为附贡生，尤精医术，尝自蓄药饵，贫困乞医者，诊之而施药，不计药资。

清 黄章震　黄梅

黄章震，字龙光。本江西南昌人。尝客游黄梅，恰遇疫疾盛行，遂往来大江南北，全活患者无数。著《临证随笔》。是书，楚人争相传抄。见载李经纬主编《中医人物辞典》。

大　冶

清 成我琦　大冶

成我琦（1776~1874），清代大冶县东方堡士，《大冶县志》[清同治六年丁卯（1867）刻本] 载：幼聪颖，过目成诵。然试未中，遂寄情诗酒，善医术，有人延请，不问贫富即往。生于乾隆四十一年丙申，逝于同治十三年甲戌，里人称百岁翁。

清 刘其羽　大冶

刘其羽（1909~1981），清代大冶县人。大冶县中医医院副主任医师。曾从师于刘灿卿。传人其女刘重建。

清 李宜滢　大冶

李宜滢，清代大冶县保安镇人。志载：宜滢精于医道，为人慷慨，遇贫困者，舍财施药，愈者甚众。

黄　陂

清 周毓令　黄陂

周毓令，号问源。清代黄陂县人。《黄陂县志》[清同治十年辛未（1871）刻本] 县志载，嘉庆十二年丁卯

（1807）举人。主讲六一书院及本邑望鲁书院。著述丰富，尤精于医理，至老勤而不倦。

清　李煦　黄陂

李煦，号苍晓。清代黄陂县人。志载：李煦宅心仁厚，持己端方，善于时文，精于医学。每有病者求治，不计药酬。

清　罗正棠　黄陂

罗正棠，字魁玉。清代黄陂县人。志载：为贡生。精医理，轻资财。凡病者求治，不受酬谢。

清　陈西观　黄陂

陈西观，清代黄陂县人。志载：其少习儒业，文名甲于乡梓，兼精医学，善治奇疾，往往多验。曾遇一士人，素来无疾，西观偶为之诊脉，说："君病入膏肓矣。"其人不信，后数月一病，遂亡。人皆传为神。西观秉性高介而负气，志在利济，从不非分取人钱财。

清　徐敏　黄陂

徐敏，字我非。清代黄陂县人。志载：为岁贡生。精于医术，熟谙医学经典，于《灵枢》《素问》诸书，无不熟贯。行医邑中，皆以治痘称神。据同治十年《黄陂县志》卷九《人物志·文苑》载，著有《存济篇》。

清 徐晋、徐桂之 黄陂

徐晋，字接三。清代黄陂县人。志载：为庠生。为人忠厚，有长者风。后业医40余年，活人最多。知县敬赠联秘书，自喜探金匮妙技，人称为橘泉[①]。其子**桂之**，亦以医名，闻于遐迩。

清 陈鉴藻 黄陂

陈鉴藻，字立生。清代黄陂县人。志载：立生为人急公好义。精于医理，诊视方脉，不取锱铢。每制送救急丸散，活人无数。人皆闻而传之。

清 姜元吉 黄陂

姜元吉，号文圃。清代黄陂县人。志载：元吉善医理，施舍药材，济人甚众，闻名遐迩，人皆敬之。

---

① 橘泉：语出葛洪《神仙传·苏仙公传》：苏耽在汉文帝时，受天命为天仙。天上仪仗队降落苏宅，迎接苏耽。苏耽辞别慈母时说：“明年天下将流行瘟疫，吾家庭院中井水和橘树，能治瘟疫。有乡邻患上瘟疫，给井水一升、橘叶一枚。吃下橘叶，喝下井水，瘟疫就可治好。”次年果然如此。于是，医学史上便有“橘井泉香”的典故，简称橘泉。

阳　新

清 陈咸亨　　阳新

陈咸亨，字春光。清代阳新县人。《阳新县志》［清光绪十二年丙戌（1886）刻本］载，道光二十年庚子（1840）举人。陈咸亨品性沉静，生平未曾见其疾言剧色。善医术，远近前来求诊者，皆一心救治，是以全活无数。不受酬谢，亦从不生嫌弃之色。曾梦侍医圣李时珍之侧。醒而叹曰："前言得非濒湖弟子乎？"后至蕲州，过李墓如梦。其精诣神通如此。

清 廖必达　　阳新

廖必达，字良芝。清代阳新县人。志载：必达才及童年，即念家贫亲老，遂弃儒业医，以供给双亲膳食。乡邻有病，随请随至，多不计酬谢。乡邻皆敬之。

清 刘烇　　阳新

刘烇，字慧夫。清代阳新县人。志载：品行优秀。为诸生。肄业江汉、鹿洞两书院，学益进，屡荐不售。为人外刚内蕴，贫苦必设法以周济。通医术，每遇贫病不治者，施以膏丹，岁以为常。著有《居官居家格言》《医学艺学易知录》行于世。寿至79岁。

清 阮辉堂 阳新

阮辉堂，字石泉。清代阳新县吉口里人。志载：监生。善医术，每遇病者，即精心医治，病愈，皆不受酬谢。所治患者，必勤恳诊视，细心调治，惟恐不愈。其逝世之日，远近闻之，莫不流涕，有恸哭于道而不止者。

清 熊梦飞 阳新

熊梦飞，字伯川。清代阳新县乐里人。志载：为诸生。精于医术，途遇病者，诊方施药，无论识不识也，皆不计酬谢。

清 宋凌云 阳新

宋凌云，清代阳新县人。志载：业于医，好义举。每遇病者，必精心医治，慷慨施药，不计药钱。

清 陈才源 阳新

陈才源，字达山。清代阳新县仁义里人。志载：通于医，然不以医为业。凡贫病者，多赖彼诊治，且从不受病者钱财。

清 王箕武 阳新

王箕武，字成南。清代阳新县人。志载：业儒，兼精医术。平生救治而愈者，无以计数。年登 91 岁而逝。

清 程高 阳新

程高，字仰之。清代阳新县人。志载：攻举子业，初不知医，因母病笃，徒步一昼夜，走鄂城求医。倦，依洪山塔下，梦一紫衣人，授以异方，高惊，返，以方医母，果愈。从此医臻神境，前来求治者，应接不暇。乃列多灶，煮药于庭，病者聚集，各令取饮，立效，药资不计也。

清 周文焕 阳新

周文焕，字济庵。清代阳新县吉口里人。志载：为监生。精于医术，所治患者，不受钱财。全活者甚众。

清 冯生枝 阳新

冯生枝，字鹿门。清代阳新县永城里人。志载：晓医术，居京师时，往来于名公卿之间，人皆重之。鲍侍郎桂星未遇时，母病，生枝助药饵以治之。让二子正本、正立，受业于彼。后，桂星视学湖北，生枝绝不通一问，亦不许二子赴试。其节操之高，闻者无不仰慕。

清 肖世鲁 阳新

肖世鲁，字九成。清代阳新县修静里人。志载：精于医术。人以厚资延请，辄遭拒绝。穷者告以疾，急往诊视，刻不容缓。曾说："富者医易得，贫病之人，谁肯一顾乎？"曾寓居江右（旧时江西省别称）奉新、安义等处。

清 王兴杨、王映阶 阳新

王兴杨，字汉春。清代阳新县兴瑞里人。《兴国州志》［清光绪十五年己丑（1889）刻本］载，学邃品粹，童试，屡次名列前茅。偶精《灵枢》《素问》《脉诀》，诊治全活者无数。其子**映阶**，应试有声名，亦能继承父志，以医术救人。两世名医，救死扶伤，皆传其美名也。

清 阮超 阳新

阮超，字焕成。清代阳新县阳辛里人。志载：为监生。侍祖母、父母，敬养备致。精心考究方书，遂成名医。

清 陈道善 阳新

陈道善（一写作善道），字翰园。清代阳新县仁义里人。志载：为监生。精于医术，常备诸药，施赠于人，平生活人无数。据清光绪三十年甲辰（1904）《兴国州志补编》卷之一《义行》载，陈氏著有《医学便览》四卷传于世。

清 柯惟功 阳新

柯惟功，清代阳新县兴瑞里人。志载：业医，居于药肆。贫者诊治，施药而不取费，人皆感之。寿至八十，无疾而终。

清　明渐磬　阳新

明渐磬，字希同。清代阳新县长乐里人。志载：为附贡。精于医术，活人无数。为人品行端方，好行义举，乡邻皆感而誉之。

清　朱德醇　阳新

朱德醇，字塔州。清代阳新县仁义里人。志载：为太学生。精于医，贫病施药，从不取费。

清　柯光堂　阳新

柯光堂，字醉白。清代阳新县人。志载：精于医，诊病施药，不索费用。

清　阮玉衡　阳新

阮玉衡，字坚庵。清代阳新县吉口里人。据《兴国州志》载，尤精于医理，常抉《灵枢》之奥，而不轻易诊病施药。年六十四，无病而逝。

清 陈竹轩 阳新

陈竹轩，字德新。清代阳新县永福里人。志载：竹轩家贫，医游江南六安界。晚年医寓汉口。遇赤贫乞诊者，屡施方药，而不受病人之谢。寿 81 岁而逝。

清 舒石亭、舒啸岩 阳新

舒石亭，清代阳新县上迁里人。志载：善医外科，有请必赴，愈不索谢。常备药囊以济贫困之人。其子**啸岩**，亦能继其父志，治病不受谢，闻名乡梓。

清 陈思堂 阳新

陈思堂，字孔坚。清代阳新县永章里人。志载：为监生。精医术，平生全活者无数，且概不收费。据光绪三十年甲辰（1904）《兴国州志补编》卷之一《方技》载，著有《伤寒辨正》二卷传世。

清 刘灼 阳新

刘灼，字品坡。清代阳新县人。志载：秉性谨饬，好义举，捐修桥路、凉亭、义渡，不少于千金。据《兴国州志》郑二十二《人物志·义行》载，刘氏著有《医方辑要》二卷传世。

参考文献

一、方志类

（一）新中国成立前

[1] 湖州府志. 清乾隆二十三年（1758）增刻乾隆四年（1739）.

[2] 黄冈县志. 清道光二十九年（1849）刻本.

[3] 咸宁县志. 清同治五年（1866）刻本.

[4] 大冶县志. 清同治六年（1867）刻本.

[5] 黄安县志. 清同治八年（1869）刻本.

[6] 黄陂县志. 清同治十年（1871）刻本.

[7] 广济县志. 清同治十一年（1872）刻本.

[8] 罗田县志. 清光绪二年（1876）刻本.

[9] 黄梅县志. 清光绪二年（1876）刻本.

[10] 麻城县志. 清光绪二年（1876）刻本.

[11] 遂宁县志. 清光绪五年（1879）刻本.

[12] 蕲水县志. 清光绪六年（1880）刻本.

[13] 黄冈县志. 清光绪八年（1882）刻本.

[14] 黄安县志. 清光绪八年（1882）补刻.

[15] 麻城县志. 清光绪八年（1882）刻本.

[16] 咸宁县志. 清光绪八年（1882）刻本.

[17] 孝感县志. 清光绪九年（1883）刻本.

[18] 蕲州志. 清光绪十年（1884）刻本.

[19] 黄州府志. 清光绪十年（1884）刻本.

[20] 阳新县志. 清光绪十二年（1886）刻本.

[21] 兴国州志. 清光绪十五年（1889）刻本.
[22] 湖北通志. 清宣统刻本（1909~1911）.
[23] 英山县志. 民国九年（1920）刻本.
[24] 湖北通志. 民国十年（1921）刻本.
[25] 麻城县志前编. 民国二十四年（1935）刻本.
（注：以上均录于李今庸《湖北医学史稿》一书）

（二）新中国成立后

[1] 湖北省黄冈地区行政公署编印. 黄冈地区简志汇编，1981.
[2] 黄梅县人民政府. 黄梅县志：上卷. 武汉：湖北人民出版社，1985.
[3] 黄冈县县志编纂委员. 黄冈县志：人物·人物传. 武昌：武汉大学出版社，1990.
[4] 红安县县志编纂委员. 红安县志：卷三十四 人物传. 上海：上海人民出版社，1992.
[5] 麻城市地方志编纂委员会. 麻城县志. 北京：红旗出版社，1993.
[6] 湖北省武穴市地方志编纂委员会. 广济县志. 上海：汉语大词典出版社，1994.
[7] 黄冈地区地方志编纂委员会办公室. 鄂东人物志：现代人物卷. 黄州：黄冈地区行署办公室文印中心，1994.
[8] 湖北省蕲春县地方志编纂委员会. 蕲春县志. 武昌：湖北科学技术出版社，1997.
[9] 湖北省罗田县地方志编纂委员会. 罗田县志. 北京：中华书局，1998.
[10] 黄冈市地方志办公室，黄冈市档案局. 黄州府志. 清光绪十年刻本（上），2009.
[11] 团风县政协. 黄冈县志. 明万历三十六年刻印本. 武汉：长江出版社，2012.
[12] 团风县政协. 黄冈县志. 清乾隆五十四年刻印本. 武汉：长江出版社，2012.

［13］ 团风县政协．黄冈县志．清道光二十八年刻印本（上、下）．武汉：长江出版社，2012.
［14］ 团风县政协．黄冈县志．清光绪八年刻印本（上、下）．武汉：长江出版社，2012.
［15］ 湖北省团风县地方志编纂委员会．团风县志．武汉：武汉大学出版社，2013.
［16］ 湖北省浠水县地方志编纂委员会．浠水县志．武汉：长江出版社，2014.

二、专著类

［1］ 万宁．万氏医贯（中国医学大成续集）．鹭门徵瑞堂刊、印心书屋藏版（底本），福州吴玉田刻，清同治十年辛未（1871）.
［2］ 永瑢，纪昀，等．四库全书总目提要．上海：商务印书馆，1924.
［3］ 曹炳章．中国医学大成总目提要．上海：上海大东书局，1935.
［4］ 陈梦雷．图书集成医部全录．上海：会文堂新记书局，1937.
［5］ 裘吉生．珍本医书集成．上海：上海科学技术出版社，1955.
［6］ 丁福保，周云青．四部总录医药编．北京：商务印书馆，1955.
［7］ 丹波元胤．中国医籍考．北京：人民卫生出版社，1956.
［8］ 陈邦贤．中国医学史．北京：商务印书馆，1959.
［9］ 中国中医研究院，北京图书馆．中医图书联合目录．北京：北京图书馆出版社，1961.
［10］ 陈梦雷．古今图书集成医部全录．北京：人民卫生出版社，1963.
［11］ 贾得道．中国医学史略．太原：山西人民出版社，1979.
［12］ 方诗铭．中国历史纪年表．上海：上海辞书出版社，1980.
［13］ 万全（密斋）．万氏秘传片玉心书．罗田县卫生局，校注．武汉：湖北人民出版社，1981.
［14］ 杨上善．黄帝内经太素：校正内经太素杨注后序．影印本．北京：人民卫生出版社，1981.

[15] 曹禾. 医学读书志. 北京：中医古籍出版社，1981.
[16] 罗维成. 三百种医籍录. 哈尔滨：黑龙江科学技术出版社，1982.
[17] 李时珍. 本草纲目：上册：序例. 校点本. 北京：人民卫生出版社，1982.
[18] 万全（密斋）. 万氏妇人科. 武汉：湖北人民出版社，1983.
[19] 陈言（无择）. 三因极一病证方论. 北京：人民卫生出版社，1983.
[20] 王士雄. 随息居饮食谱. 窦国祥，校注. 南京：江苏科学技术出版社，1983.
[21] 华东师范大学古籍研究所. 东坡志林；仇池笔记. 上海：华东师范大学出版社，1983.
[22] 中国医籍提要编写组. 中国医籍提要. 长春：吉林人民出版社，1984.
[23] 万全（密斋）. 万氏家传养生四要. 武汉：湖北科学技术出版社，1984.
[24] 甄志亚. 中国医学史. 上海：上海科学技术出版社，1984.
[25] 李裕，樊润泉，王晓萍，等. 李时珍和他的科学贡献. 武汉：湖北科学技术出版社，1985.
[26] 万全（密斋）. 万氏家传幼科发挥. 武汉：湖北科学技术出版社，1986.
[27] 万全（密斋）. 万氏家传点点经. 武汉：湖北科学技术出版社，1986.
[28] 丁永淮，熊文祥. 苏东坡的传说. 北京：中国文联出版公司，1986.
[29] 钱远铭. 经史百家医录. 广州：广东科技出版社，1986.
[30] 浠水县卫生局，湖北中医学院. 伤寒总病论释评. 武汉：湖北科学技术出版社，1987.
[31] 陈梦赉. 中国历代名医传. 北京：科学普及出版社，1987.
[33] 钱远铭. 李时珍史实考. 广州：广东科技出版社，1988.
[32] 尚志钧，林乾良，郑金生，等. 历代中药文献精华. 北京：科学技术出版社，1989.
[34] 湖北省卫生厅中医处，湖北省中医药研究院，史世勤，等. 湖北当代名中医传. 武汉：湖北人民出版社，1989.

[35] 余彦文. 鄂东著作人物荟萃. 武汉：湖北科学技术出版社，1990.
[36] 唐明邦. 李时珍评传. 南京：南京大学出版社，1991.
[37] 何时希. 中国历代医家传录：上、中、下三册. 北京：人民卫生出版社，1991.
[38] 史世勤. 中医传日史略. 武昌：华中师范大学出版社，1991.
[39] 白战存. 民国前的鄂东教育. 武昌：武汉大学出版社，1991.
[40] 李今庸. 湖北医学史稿. 武汉：湖北科学技术出版社，1993.
[41] 刘国杜. 中国医学史话. 北京：北京科学技术出版社，1994.
[42] 丁永淮，梅大圣，张社教. 苏东坡黄州作品全编. 武汉：武汉出版社，1996.
[43] 熊传海. 鄂东四大名医. 北京：中医古籍出版社，1998.
[44] 傅沛藩，姚昌绶，王晓萍. 万密斋医学全书. 北京：中国中医药出版社，1999.
[45] 谢观. 中国医学源流论. 余永燕，点校. 福州：福建科学技术出版社，2003.
[46] 杨世灿. 杨守敬学术年谱. 武汉：湖北人民出版社，2004.
[47] 田思胜. 朱肱庞安时医学全书. 北京：中国中医药出版社，2006.
[48] 王叔和. 脉经. 梁亚奇，校注. 北京：学苑出版社，2007.
[49] 常存库. 中国医学史. 北京：中国中医药出版社，2007.
[50] 丹波元胤. 医籍考. 郭秀梅，冈田研吉，校译. 北京：学苑出版社，2007.
[51] 方春阳. 中国历代名医碑传集. 北京：人民卫生出版社，2009.
[52] 沈括，苏轼. 苏沈内翰良方. 宋珍民，李恩军，点校. 北京：中医古籍出版社，2009.
[53] 张杲. 医说. 王旭光，张宏，校注. 北京：中国中医药出版社，2009.
[54] 吴鸿洲. 中国医学史. 上海科学技术出版社，2010.
[55] 陆以湉. 冷庐医话. 张暖，点校. 北京：人民军医出版社，2010.
[56] 胡荣希. 医圣万密斋传. 武汉：华中科技大学出版社，2012.
[57] 梁永宣. 中国医学史. 北京：人民卫生出版社，2012.

[58] 肖京. 轩岐救正论. 影印本. 北京：中医古籍出版社，2015.
[59] 钱超尘. 中国医史人物考. 上海：上海科学技术出版社，2016.
[60] 范行准. 中国医学史略. 北京：北京出版社，2016.
[61] 朱庆甲. 中医入门：朱氏六代名医薪火相传. 北京：人民军医出版社，2016.
[62] 宋月航. 中国历代名医传. 北京：华文出版社，2017.
[63] 杨际泰. 杨际泰妇儿科. 杨瑰瑰，点校. 南京：凤凰出版社（原江苏古籍出版社），2019.

三、辞书类

[1] 谢观. 中国医学大辞典. 上海：商务印书馆，1921.
[2] 皮明庥，何浩. 湖北历史人物辞典. 武汉：湖北人民出版社，1984.
[3] 中医大辞典编委会：中医大辞典：中医文献分册. 北京：人民卫生出版社，1985.
[4] 李经纬，蔡景峰. 中医人物辞典. 上海：上海辞书出版社，1988.
[5] 李云. 中医人名辞典. 北京：国际文化出版社公司，1988.
[6] 庄树藩. 中华古文献大辞典：医药卷. 长春：吉林文史出版社，1990.
[7] 廖盖隆，罗竹风，范源. 中国人名大辞典：历史人物卷. 上海：上海辞书出版社，1991.
[8] 史宇广. 中国中医人名辞典. 北京：中医古籍出版社，1991.

四、论文类

[1] 李铁君. 宜都杨守敬所访医书记略. 湖北中医杂志，1981，(1)：43.
[2] 刘信芳. 柯逢时寄杨守敬书信六则. 中华医史杂志，1990，(3)：190.
[3] 中国药学会药学史学会. 李时珍研究论文集. 武汉：湖北科学技术出版社，1985.

名医索引

二　画

三　画

四　画

五　画

六　画

七　画

八　画

九 画

十 画

十一画

十二画

十三画

十四画及以上

后 记

《鄂东历代名医传录》一书，终于杀青了。本书搜集史料难，编写更难。鼠标一点，眨眼间，书稿即可呈于付国英编辑眼前。由衷感谢付先生，对我交稿时间一再延长，给予理解和宽谅。由衷感谢陈辉先生，对我多年写作的激励，对我拙著的无私帮助。我，一名普通学者，除了由衷致谢，还就是将二位真诚的鼓励、无私的帮助、高尚的品格，默默铭刻心间。

想写这本书，最初是踏进杏林之门时。那时我还年轻，尚未及而立之年。高考制度停了十年，刚一恢复，我就幸运地踏进了中医大门。高中毕业六年了，返回乡村，虽在乡村小学教书，想读的书却很难碰到，也无法碰到。没书读的日子，生活的枯寂真是不可言状。忽然间，又走进课堂，听老师讲中医，于我，如久旱的荒田，骤迎甘霖。于是，课堂、图书馆，是我最常去的地方。久之，我心里涌出愿望，想写一本医家的书，为众多医家立传。这个愿望，像颗种子，生芽，出土，长大，牵藤，慢慢延伸。随着阅读的增多，收集资料过程的艰难，让我明白，自己学艺浅薄，积累也太少。于是，拟出新题，想给鄂东名医立传。然而，一晃二十多年，我竟然只是不断收集，却一直未能动笔。不过，尽管生计、工作，还有无法摆脱的杂事，耗费了我许多精力。但这颗种子依然未失，怀揣心中。无论走到哪里，我都会留心收集医药史料。只要是有关医家的，一句语录，一段文字，一个故事，一个传说，都不放过。这需要长期的阅读，耐心的搜集，慢慢积累，久久为功。积累的过程，苦乐相伴。有些史料，极难收到。于是，有师友、同窗、学生，多种途径，助我搜求。我的五位恩师：刘培高校长、毛治中教授、李中伟教授、张玉先教授、丁永淮先生，一直给予我关怀和鼓励。在搜求的路上固然有艰难，但众多医家仁人圣心、精湛医术让我感动仰慕；他们的一丝不苟，让我惊讶敬佩。也因此让我有了不断前行的动力。

数十年的积累，我也有了许多感悟。这些感悟，让我有了收获。2012 年，我申报了《黄冈历代医药名人研究》项目（批准号：黄职教［2012］39 号，编号：2012C2011103）。因有前期的准备，两年便完成课题。课题的完成，又为后期的研究，做了准备。

2014 年，我又申报了《黄冈中医药史研究》项目（批准号：黄职教［2014］94 号；编号：2012C011101）。这个课题，又一次作为学校的重点项目获得批准。在此，由衷感激各级领导的信任。在两年的研究过程中，原校长陈年友教授、现任校长姜安心教授、副校长熊发涯教授、刘东山副教授、医药学院副院长沈爱平副教授，均给予热情支持。科研处处长王梓林教授、副处长蔡新职教授，也对课题的研究给予指导。正因有了各位的鼓励，课题顺利完成。在此，再次谨怀感激之情，致以敬意。

这本书，也是两个课题的结晶。在成书时，忘不了众多师友、同仁的热情帮助。他们是中国社会科学院近代史研究所原党委书记、历史学博士、二级研究员、“登峰战略”资深学科带头人周溯源先生，给我提供了大量的研究史料和工具书籍；他在百忙中审阅了书稿，并欣然为本书赐序。原黄冈市教育局局长杨优秀先生，黄冈市中医学会会长夏春明先生，一直给予我热情支持。学苑出版社社长陈辉先生，多年来对我无私支持。责任编辑付国英先生，反复审阅书稿，为人谦和严谨，待人热情真挚，解疑不厌其烦。著名文史专家梅大圣教授、鲁新安教授，一直给予我指导，并提供文史资料。对诸位的慷慨无私，我唯有敬仰、钦佩，深深感恩于心。

本书在搜集资料的过程中，还得到以下诸位的帮助和指导：鄂州市原市委秘书长、著名传记作家叶贤恩先生，黄冈市原市委宣传部副部长、市作家协会主席、文献专家刘民华先生（一直给予关注、鼓励，提供史料线索），鄂东名医、鄂州市中医医院主任医师朱祥麟先生（为朱氏五世名医，搜集史料，提供初稿），方志专家余彦文先生（大部分方志史料，皆得先生之力），诗人、传记作家罗田胡荣希先生（提供名医万密斋史料），诗人、作家、《东坡赤壁诗词》杂志执行主编王琼先生（特托友人求得地方志书），诗人伊淑桦先生（相助搜集《蕲春县志》），团风作家梅玉荣先生（多次提供名医王汝兰资料），黄州书友李汝新先生（提供黄冈市志），麻城市卫计委中医科科长汪芳记先生，书法家南君求先生（特为本书题耑），在此一并致以谢意。

今用电脑写作，的确方便快捷。然而新难题又来了：电脑易出故障。幸好有三位电脑专家：王志斌、曹甜胜、户晓燕，他们经常为我解决各种疑难。不管遇到有硬件的、软件的、网上的问题，他们都能“妙手回春”。在此，一并谢谢了。

青年学人、作家胡渊（笔名雨湖），青年作家、摄影家贺琼，青年学者、博士杨瑰瑰副教授，他们一直为我的写作操心。本书中不少史料，皆源自三位的热心搜集和网购。杨瑰瑰博士还于百忙中，相助审校全部书稿。还有历届与我同堂学习的伙伴，也为我四处搜集史料，他们分别是：2008级中医班的胡聪（麻城籍），2011级中医班的陈威（罗田籍）、夏力（红安籍），2012级中医班的连雅欣（广东东莞籍），2013级中医班的易鑫（蕲春籍）、叶秀南（蕲春籍）、杨澜（麻城籍）、张家银（广东梅州籍）、邹帆莉（麻城籍），2014级中医班的秦维（武穴籍）、毛纤（黄梅籍）、梁晋豪（一名彪，麻城籍，时任班长）、陈洁（英山籍），2015级中医班的严家俊（黄梅籍）、肖曼（罗田籍），2015级农医班的王宇奇（英山籍），还有往届学生陶金（鄂城籍）。还有不少帮助我的同学，均为我提供了许多珍贵资料，难以一一列出，在此一并致谢。

写作当然辛苦，而夫人郁良英更是为我的写作付出了许多，不仅是物质的，还有精神的。所有这些，我都深怀感激之情，在此致以谢意。还有儿子英舜、儿媳吕露，均帮我购置了大量史料。是书的出版，有他们的辛劳。

书中所引史料甚多，不敢掠诸先贤、前辈、名家、专家之美，特设参考文献于后，以示敬重，亦便查阅。

由于本人才疏学浅，书中肯定会有鲁鱼亥豕、遗漏甚多之误。在此，敬请诸位行家批评指正。若有再版机会，定当改正。

2015 年 9 月 9 日初稿于黄州龙王山东麓
2016 年 11 月 9 日二稿于黄州龙王山东麓
2019 年 11 月 19 日三稿于京都大兴西红门畔
2020 年 1 月 31 日四稿于浠水县清泉镇云露村无名巷
2020 年 4 月 19 日五稿于黄州龙王山东麓
2020 年 9 月 3 日六稿于黄州《本草》编辑部

南东求记